KB235644

불교 군주와 술탄

태국과 말레이시아 왕권의 역사

불교 군주와 술탄

— 태국과 말레이시아의 왕권의 역사

첫판 펴낸날 * 2004년 10월 29일

지은이 * 소병국 · 조흥국
펴낸이 * 홍석근
편　집 * 이승용
지류 * 한서지업
인쇄제본 * 영신사
펴낸곳 * 전통과현대
등록번호 * 제300-2001-225(1999년 1월 17일)
(121-565) 서울시 마포구 연남동 228-28
전화 02-323-0160　팩스 02-323-0164
www.jontong.co.kr

ISBN 89-88164-21-0 (03910)

값은 표지에 있습니다.

불교 군주와 술탄

태국과 말레이시아 왕권의 역사

소병국·조흥국 지음

전통과현대

| 차례 |

서문 6

1장/ 절대군주제 시대 태국의 왕권 11

2장/ 입헌군주제 시대 태국의 왕권 59

3장/ 절대군주제 시대 말레이시아의 왕권 107

4장/ 입헌군주제 시대 말레이시아의 왕권 165

5장/ 태국과 말레이시아 왕권 비교 209

참고문헌 220
태국의 역대왕조와 국왕 234
말레이시아의 역대 술탄 아공 236
용어 해설 238
색인 242

"신비한 군주제"의 시대는 지나갔다. 이러한 현상은 무엇보다도 세속적 정치제도로서의 군주제가 실용적 가치와 나아가서는 존재의 필요성을 더 이상 갖고 있지 않게 되었다는 것을 의미한다. 현재 서양에서 군주제가 퇴색하고 있는 것도 이러한 이유 때문이다. 서양의 대표적인 군주제 국가인 영국에서 더 이상 왕권신수설을 주장하는 사람은 찾아 볼 수 없다. 영국의 군주제는 정치적 전통의 상징적 의미만을 지니고 있으며, 심지어 군주제 존재 자체에 대한 회의론이 제기되기도 한다.

그러나 동양의 군주제에서는 서양과는 달리 군주가 국가의 상징적 역할을 담당하는 데 그치지 않고 실제적인 정치적, 사회적 영향력을 발휘하는 경우가 흔하다. 아시아 몇몇 국가들의 군주제는 시대착오적인 역사적 유물로서가 아니라 정치, 사회적인 실체로 여전히 존재하고 있는 것이다. 옥스퍼드대학의 보그다노르 교수Vemon Bogdanor는 모든 정치제도가 얼마나 오래되었느냐를 따지기보다 그것이 실제로 유용한가 혹은 어떠한 가치에 공헌하는가를 따지는 것이 중요하다고 언급한 적이 있다. 이러한 측면에서 동양의 군주제는 아직까지 중요한 정치, 사회적 기능을 담당함으로써 그 실용성을 견지하고 있다고 볼 수 있다.

현재 아시아의 총 38개국 가운데 9개국(일본, 캄보디아, 쿠웨이트, 태국, 네팔, 부탄, 브루나이, 말레이시아, 요르단)이 공식적으로 입헌군주제를 채택하고 있다. 아시아 지역 중에서도 군주제의 전통이 가장 많이 유지되어 있는 곳은 동남아이다. 현재 동남아에는 태국, 캄보디아, 말레이시아, 브루나이 4개국이 군주제를 채택하고 있다. 이 중 브루나이는 입헌군주인 하싸날 볼키아Hassanal Bolkiah 국왕이 이슬람의 수장은 물론 수상, 국방부 장관 및 재무부 장관을 겸직하며 실질적, 상징적으로 국가의 최고 수반이라는 점에서 순수한 입헌군주제를 채택하고 있는 상기 다른 세 나라와 차이를 보이고 있다. 이들 외의 동남아 국가 중에서 다른 국가의 입헌군주와 같이 국가의 상징이 되고 있는 인물로는 인도네시아 족자까르따의 술탄 하멩꾸부워노Sultan Hamengkubuwono가 있지만 헌법상 '군주' 의 지위를 갖고 있지는 않다.

동남아 국가들 중 입헌군주의 정치, 사회적 영향력이 가장 강한 나라로 태국과 말레이시아를 들 수 있다. 태국의 현 국왕 푸미폰 Bhumibol은 비록 헌법에는 정치적 실권이 없는 국가의 상징적 수반으로 명시되어 있으나, 오늘날 국왕이 없는 태국의 사회는 적어도 태국 국민들의 시각에서 볼 때 불가능할 것이다. 태국의 왕들에게 붙여진 "짜오 치윗cao chiwit", 즉 "생명의 주인" 이라는 칭호에서도 암시되어 있듯이, 태국에서는 오래 전부터 왕은 백성의 삶을 좌지우지하는 자, 나아가서는 역사의 중심이라는 전통적인 인식이 있어 왔다. 오늘날도 헌법에 따라 국가, 종교, 국왕에 대한 존중이 태국 국민으로서의 의무가 되어 있는 것처럼, 국왕은 태국이라는 한 국민국가의 핵심적인 부분을 차지하고 있다.

태국 국왕의 이러한 위상과 역할은 종종 정치적인 역할로 연결되기도 한다. 1973년 민주화를 외치는 학생들이 경찰의 무력탄압에 쫓기고 있을 때, 푸미폰 국왕이 왕궁의 문을 열어 이들을 들여보낸 결과 당시 집권군부에 대한 태국 사회의 신뢰가 크게 떨어졌다. 1992년 5월 민주화 항쟁과정에서는 친 군부세력과 친 민주주의세력 간의 중재역할을 담당하여 유혈사태를 종식시킴으로써 정치적 영향력을 재차 입증시켰다. 푸미폰 국왕은 한 해의 대부분을 전국 방방곡곡으로 돌아다니면서 농부들과 소수민족들의 고충을 들어주고 해결책을 강구하며 환경보호운동을 이끌고 있다. 정치적 안정이 필요할 때, 사회적 문제에 관한 논의가 일어날 때, 태국 국민은 그들의 국왕을 바라본다. 푸미폰 왕은 어느 날 외신기자들에게 "태국의 왕은 국가의 혼과 같은 것이다"라고 말했다. 여기서 우리는 국왕 스스로가 태국 사회에서의 자신의 위상과 역할에 대해 잘 인식하고 있다는 점을 분명히 볼 수 있다.

오늘날 말레이시아의 13개 주 가운데 9개 주에 입헌군주인 술탄이 존재하고 있으며, 이들 중 술탄에 즉위한 순서에 따라 술탄회의 Council of Rulers에서 임기 5년의 국왕인 양 디뻐르뚜안 아공Yang di-Pertuan Agong 또는 술탄 아공Sultan Agong으로 선출되는 것이 관례이다. 현재 수상이 정치, 경제, 사회적으로 실질적인 최고의 권한을 행사하는 말레이시아 연방Federation of Malaysia에서 국왕을 포함한 이들은 분명 입헌군주로서 전통사회에서와 같은 권한을 갖고 있지 못하다. 그럼에도 불구하고 일반적인 경우와는 달리 결코 상징적인 존재로 머물러 있지 않다. 사실상 국가와 주의 수반 및 이슬람의 수장 그리고 말레이인의 전통적인 특권과 이익을 보호하는 최후의 보루로서 헌법에 명시된 실질적, 상징적 권한을 통해 술탄들은 여전히 연방정부와 주정부 차원에서 적지 않은 정치, 사회적 영향력을 행사하며 1983년과 1992년 두 차례의 "헌법위기"에서 보이듯 정치인들과 종종 심각한 마찰을 빚고 있다.

입헌군주들의 역할은 "군림하나 지배하지는 않는다"는 말에 잘 나타나 있다. 입헌군주제하에서 일반적으로 군주들은 정치적 역할이 배제되고 단지 국가의 상징으로서만 그 역할이 제한되어 있다. 본 연구는 그동안 동남아의 입헌군주들의 위상과 역할이 과소평가 되어 왔다는 근본적인 문제제기와 함께 입헌군주제가 그 제도적 제한성에도 불구하고 동남아의 태국과 말레이시아라는 특수한 정치적, 문화적 공간에서 간과할 수 없는 역할을 해왔다고 본다.

이러한 맥락에서 이 책은 다음과 같은 문제의식으로부터 출발하고자 한다.

첫째, 위에 언급한 태국과 말레이시아에서 전통사회의 절대군주제가 식민지배와 전후 탈식민지 과정 그리고 독립 이후의 급속한 현대화 과정을 겪으면서 오늘날 입헌군주제로 전환되었음에도 불구하고, 일반적인 경우와는 달리 그들이 여전히 정치, 사회적으로 무시할 수 없는 영향력을 행사할 수 있게 하는 근원은 무엇일까?

둘째, 현대의 급변하는 상황에서 종종 국민들이 군주로부터 사회적인 구심적 역할을 기대하는 정치, 문화적 배경은 무엇인가?

셋째, 상기 국가들에서 점차 고조되고 있는 민주화의 열망이 이 입헌군주들의 미래에는 어떠한 영향을 미칠 것인가? 끝으로 그들에게 실질적인 정치, 사회적 영향력을 부여해온 근원과 배경의 측면에서 태국과 말레이시아는 어떠한 공통점과 차이점이 존재하는가이다.

본 연구의 목적은 바로 이러한 질문들에 대한 답을 구해보려는 시도이다. 이 같은 주제를 고찰함에 있어서 이 책에서는 오늘날 태국과 말레이시아의 입헌군주들의 정치, 사회적 권한과 영향력의 근원에 대한 초점을 전통의 변화와 지속성에 맞추어 비교사적인 시각에서 살펴보고자 한다.

이 책의 서문과 양국의 왕권을 비교한 제5장은 두 필자가 공동으로, 태국의 왕권을 다룬 제1장과 제2장은 부산대학교 국제대학원의 조홍국 교수가, 말레이시아의 왕권을 다룬 제3장과 제4장은 한국외국어대학교 마인어과의 소병국 교수가 각각 집필하였다. 본 연구의 시작 단계에서 많은 조언을 아끼지 않은 부산외국어대학교 태국어과의 김홍구 교수께 감사를 드린다. 2년간 연구를 수행하는 과정에서 많은 도움을 준 태국과 말레이시아의 공공문서 보관소와 대학 도서관의 관계자들께도 고마움을 전한다. 지난 10여 년 동안 활기찬 학문적인 토론으로 많은 영감을 준 한국동남아학회 및 한국동남아연구소 회원들과 이 출판의 기쁨을 함께 나누고 싶다. 끝으로 이 연구는 2001-2003년도 한국학술진흥재단의 지원에 의하여 연구되었음(KRF-2001-045-B23002)을 밝힌다.

1 장

절대군주제 시대 태국의 왕권

태국은 왕권의 정치적 역할이 동남아에서 가장 강력한 나라에 속한다. 태국의 역대 국왕들은 대부분 타이 사회에서 그리고 타이 민족에 대한 관계에 있어서 구심점의 역할을 해왔다. 이러한 위상은 1932년 쿠데타를 통해 입헌군주제가 도입되어 태국 국왕들이 실질적 권력을 상실한 이후에도 오늘날까지 유지되고 있다. 이러한 점은 1946년 왕위에 오른 후 현재까지 태국의 입헌군주로서 활발한 사회적 역할을 해오고 있으며, 태국 국민들로부터 절대적인 신뢰와 존경을 받고 있는 국왕 푸미폰 아둔야뎃Bhumibol Adulyadej에게서 확인할 수 있을 것이다.

따라서 왕권 개념에 대한 이해가 타이 사회를 엿볼 수 있는 하나의 중요한 창이 된다고 보아, 이 글에서 태국 국왕의 왕권 개념을 역사적으로 고찰하고자 한다. 역사적 고찰의 시기는 1932년 입헌군주혁명 이전까지로 제한한다. 비록 위에서 말한 것처럼, 타이 사회에서 국왕의 영향력은 1932년의 혁명에도 불구하고 지속되고 있지만, 국왕의 정치적 위상이 1932년 혁명 전후로 큰 변화를 겪은 것도 사실이다. 1932년 이전까지 왕권 개념에 대한 분석은 한편으로는 절대군주제 시대 타이 사회에서 태국 국왕들의 위상과 역할에 대한 이해를 도모하는 것이며, 다른 한편으로는 1932년 이후 입헌군주제 시대 태국의 국왕들 특히 푸미폰 왕이 보여주는 타이 사회에서의 정치적 및 사회적 영향력을 이해하는 데 중요한 바탕을 제공할 것이다.

1932년 이전 절대군주제 시대까지의 태국 국왕들의 왕권에 대한 고찰은 왕권 개념의 이념적 분석과 왕권의 실제적 상황에 대한 분석 등 두 가지 차원에서 행해진다. 그것은 무엇보다도 여러 사료에서 확인되는 바에 의하면 국왕의 백성에 대한 인식과 백성, 특히 왕족과 신하들의 국왕에 대한 자세와 상호간 실제적 관계가 종종 이념적 차원의 왕권 개념과는 달리 나타났기 때문이다. 이러한 두 가지 차원에서의 분석은 태국 왕권의 전체적 모습을 대한 파악하는 데 기여할 수 있을 것이다.

태국 왕권에 대한 기존의 많은 연구들과 이들을 바탕으로 한 태국 왕권에 대한 단편적 언급들은 대개 왕권의 이념적 측면에만 초점을 맞추어 왔다. 그 때문에 힌두교적 신성과 불교적 정의로움 등이 태국 왕권에 대한 논의의 전체적 틀과 내용을 이루어 왔으며, 그것은 태국 왕권의 개념에 대한 우리의 이해를 흐리게 해 왔다. 게다가 왕권의 이념적 측면에 대한 기존의 연구 자체가 적지 않은 오류를 담고 있다. 태국 왕권에 관한 하나의 지역연구를 통해 타이 사회를 이해한다는 궁극적인 목적의식을 염두에 둘 때, 왕권의 이념적 측면과 더불어 왕권과 타이 사회간 관계의 실제적 상황은 당연히 연구의 대상이 되어야 한다.

이 책에서는 태국 왕권의 이념에 관한 기존의 몇 가지 논의 가운데 특히 두 가지를 비판적으로 검토할 것이다. 그 첫째는 태국의 왕권 특히 람캄행Ramkhamhaeng 왕의 수코타이Sukhothai 시대 왕권을 단순한 가부장적 왕권으로 해석하는 문제로, 필자는 그것을 "불교화된 가부장적 왕권"이라는 새로운 개념으로 설명하려고 한다. 둘째는 아유타야Ayutthaya 시대 이후 태국 왕들의 왕권을 힌두교적인 데바라자devaräja 즉 신왕神王 개념을 통해 신격화된 것으로 간주하는 문제이다. 이에 대해 필자는 아유타야 시대 이후 태국의 왕들이 자신을 힌두교적 신으로 간주했다든지 혹은 신격화되지 않았다는 것을 밝혀, 아유타야 시대 이후 태국의 왕권 개념에서 불교가 가장 중요한 이념적 바탕을 형성한다는 것을 입증할 것이다.

후반부에서는 서구 문물의 영향이 타이 사회에 밀려들어온 19세기—20세기 전반에 나타난 왕권과 백성 간 관계의 변화와 입헌군주제 논의와 이에 대한 태국 왕들의 반응을 분석하고자 한다. 이 부분의 연구는 오늘날 타이 사회에서 국왕이 차지하는 위상을 이해하는 데 중요한 바탕을 제공할 것이다.

Ⅰ. 왕권 개념의 역사

1. 불교화된 가부장적 왕권

태국의 전통적인 왕권 개념에 대한 논의는 대개 "가부장적 왕권"에서 시작된다. 가부장적 왕권에 대한 타이어 개념은 "포쿤pho khun"으로, 이것이 타이 사료에서 처음 등장하는 것은 소위 "람캄행 비문"으로 알려져 있는 13세기 말의 한 비문에서이다. 비문의 관련 부분 내용은 다음과 같다(Krom Silapakon 1976, 15-27).

람캄행 왕의 시대에 수코타이는 좋았다. 물에는 물고기가 살고 논에는 벼가 자랐다. 통치자는 평민들에게 통행세를 부과하지 않았다. …… 평민과 귀족 간에 분쟁이 일어나면, 왕은 진실을 조사하여 분쟁을 공정하게 해결한다. 그는 도둑들과 연합하지 않으며 장물을 은닉한 자들을 좋아하지도 않는다. 그는 또한 다른 사람의 재산을 보면 탐내지 않는다. …… (왕궁)문 입구에 종이 달려 있다. 나라에 사는 한 평민이 문제가 있어 마음에 고통이 일어나 이것을 왕에게 알리려고 할 때는, 가서 그 종을 치기만 하면 된다. 그러면 나라의 통치자인 람캄행 왕이 듣고 그를 불러 물어 문제를 조사하여 공정하게 해결해 준다. 이에 수코타이의 평민들은 그를 칭송한다. …… 람캄랭 왕은 모든 타이인들의 임금이고 모든 타이인들에게 공덕과 참된 불교의 가르침을 알게 하는 스승이다.

람캄행 왕은 위의 비문을 바탕으로 대개 태국 역사에 있어서 전형적인 "가부장적 군주"로 간주되어 왔다. 비문에 그려진 람캄행은 전쟁 시에는 지휘관으로 전투에 직접 참가하고, 평화 시에는 백성에게 도덕적 모범이 되는 스승의 역할을 하며, 나라의 살림을 신경 쓰고 심지어 백성의 재판관이 되는 등 정부의 대부분 기능을 혼자서 감당한다.

웨일즈는 람캄행 왕 치하 타이 사회가 왕이 신하와 백성들에 대해 아버지와 같은 자세로 임하는 대가족이라고 보면서, 그러한 가부장적 왕권은 타이족이 13세기 중엽 수코타이 왕조를 세웠을 때부터 시작되었다고 본다(Wales 1965, 14-15).

웨일즈는 13세기 말 람캄행 통치하의 수코타이 사회를 "가족적인" 단순한 구조를 가진 하나의 부족사회로 파악하고 있는 것 같다. 그러나 이미 이 시기에 타이 세계는 수코타이를 중심으로 여러 성읍국가들 간에 상당히 복잡한 관계가 이루어져 있었다. 1278년 혹은 1279년경 람캄행이 등위했을 때, 왕국은 수코타이를 중심으로 한 작은 영역에 불과했다. 그러나 비문의 기록에 따르면, 그의 재위 말에 수코타이의 영향력은 동쪽으로는 오늘날 라오스의 수도인 위엉짠 Viang Chan까지, 남쪽으로는 펫부리Phetburi를 지나 말레이 반도의 나콘 시 탐마랏Nakhon Si Thammarat까지, 서쪽으로는 오늘날 미얀마 영토에 속하는 버고Bago까지, 북쪽으로는 난Nan을 지나 라오스의 루앙프라방Luang Prabang까지 미쳤다(Krom Silapakon. 1976, 27). 이러한 지역들이 수코타이의 영향하에 들어오게 된 것은 추측컨대 한편으로는 수코타이가 한 성읍국가를 군사적 정복을 통해 속국으로 만들면 그 밑에 있던 더 작은 성읍국가들이 자연히 수코타이의 속국들이 되었거나, 다른 한편으로는 강력한 새로운 힘으로 부상

수코타이에 있는 프라 시 마하탓 사원. 지금은 폐허로 남아 있는 이 사원은 수코타이 왕국의 국가적인 불교사원으로, 왕국의 정신적 이념의 중심이었다.

하는 수코타이에게 외곽의 성읍국가들이 자원하여 복속함으로써 주종관계가 형성되었기 때문이었다(Griswold and Prasert 1975, 39-42; Wyatt 1984, 55-56).

따라서 당시 정치적 상황을 고려해 볼 때, 웨일즈가 말하는 가부장적 왕권이 람캄행 왕 시대의 타이 사회에 적용될 수 없다는 것은 분명해진다. 람캄행 왕 시대 태국 왕권에 대한 새로운 해석이 필요하다.

타니는 타이인들이 "이상적인 통치자에 대한 타이족의 전통적인 인식"을 몬Mon족으로부터 받아들인 "정의로운 불교군주로서의 왕권”과 결합시켜 “가부장적 왕권” 개념으로 발전시켰다고 말한다 (Dhani 1954, 162). 여기서 “정의로운 불교군주로서의 왕권”은 당시 수코타이 왕실이 이미 불교를 국교로 수용하고 있었다는 점과 특히 불교 후원자로서의 국왕에 대한 위의 비문의 묘사를 고려하면 충분히 납득될 수 있다. 한편 타니는 “이상적인 통치자에 대한 타이족의 전통적인 인식”이 무엇인지에 대해 아무런 설명을 하지 않지만, “타이족의 이상적인 통치자”라는 것은 사회적 기능들이 아직 미분화된 단계에서 부족사회의 우두머리, 즉 부족의 구성원들과 “가족적인” 관계를 갖고 있는 족장과 크게 다를 바 없다고 본다. 타니는 그러나 “타이족의 이상적인 통치자상”과 “불교군주적 왕권”이 결합한 “가부장적 왕권”이 어떤 특징을 갖는 것인지에 대해 추가 설명을 하지 않는다. 그의 설명은 웨일즈의 것보다 한 걸음 더 발전한 것은 분명하다. 그러나 그가 말하는 “가부장적 왕권”은 람캄행 왕 시대 수코타이를 중심으로 한 오늘날 대륙동남아의 많은 성읍국가들 간의 정치적 역학관계를 고려하지 않은 것으로, 웨일즈의 “가족적인” 가부장적 왕권 개념과 크게 다르지 않은 것으로 보인다.

람캄행 왕 시대 태국 왕권의 이해를 위한 중요한 단서는 람캄행 비문에서 ‘왕’ 칭호로 쓰여진 “포쿤”의 개념에서 찾을 수 있다. “포쿤”에서 “포”는 ‘아버지’를 뜻한다. 태국의 역사학자 플라이 노이에 의하던, “쿤”은 옛 태국에서 일반적인 통치자를 가리키는 개념이었으나 나중에 그 의미가 변하여 한 성읍의 성주 정도의 지위를 나타내는 용어로 쓰였다. 여러 성읍들을 자신의 권력하에 둔 보다 강력한 통치자의 개념은 “모든 쿤들의 아버지”인 “포쿤”이 대신하게 되었다 (Phlai Noi 1992, 156). 이 설명에 따르면, “포쿤”은 가부장적 성격보다는 여러 성읍들을 포함하는 보다 넓은 지역의 왕국 통치자의 위치를 나타낸다. 람캄행 왕 시대 "포쿤"으로 표현되는 수코타이 왕국의 왕권은 왕조 초기의 "단순한" 가부장적 왕권이 더 이상 아니었고, 거기에는 불교군주적 왕권의 성격이 포함되어 있었다. 불교가 당시 타이 세계에 속했던 성읍국가들의 보편적 이념으로 널리 퍼져 있던 상황에서, 그 정치적 구심점에 있는 수코타이의 왕이 문화적 응집력을 가진 것으로 기대되는 불교의 후원자가 되는 것은 필연적이었을 것이다.

2. 힌두교적 왕권: 신격화된 데바라자 왕권 개념 비판

람캄행 왕 시대 "포쿤"의 개념에 포함되어 있는 불교적 왕권은 수코타이 시대 말기인 리타이Lithai(재위 1347-1368) 왕 때 보다 구체적인 성격을 띠고, 아유타야 시대(1351-1767) 이후 태국 왕들의 왕권에서 제도화되어 보다 명백한 형태를 취한다. 리타이 왕은 종종 "마하탐마라차Mahathammaracha 1세"라고도 불리는 그 칭호에서 짐작할 수 있는 것처럼, 강한 불교적 성향을 지녔던 인물로 보인다. 마하탐마라차는 상좌부Theravada 上座部불교 경전언어인 팔리Pali어의 "마하 담마라자mahā dhammarāja"에서 파생한 것으로, "불법佛法에 입각한 위대한 왕"을 뜻한다. 그는 이미 왕자 시절에 불교의 우주론인 『뜨라이부미까타Traibhumikatha 三界論』를 쓸 정도로 불교에 깊은 관심을 지녔다(Griswold and Prasert 1975, 50). 1361년에 세운 비문에 의하면, 그는 불교경전 총체인 삼장Tripitaka 三藏 가운데 특히 율장Vinaya 律藏과 논장Abhidhamma 論藏을 공부했으며 10가지 왕으로서의 덕목에 합당한 통치를 했다.

그러나 동일한 비문은 그가 1349년에 시바Shiva 신상과 비슈누 Vishnu 신상을 "모든 수도자들과 브라만 승려들이 영원히 경배할 수 있도록" 한 브라만 사원에 세웠다고 전한다(Griswold and Prasert 1973, 137-138). 그리스월드와 쁘라섯 나 나콘은 리타이 왕이 이 시점에 힌두교 컬트를 도입한 것은 자신의 등위 후 부왕인 러타이 Loethai(재위 1298-1347) 때 상실된 수코타이 왕국의 영광을 부활시키고 왕권과 강력한 정부를 내세우는 데 이념적 바탕이 필요했기 때문이었다고 해석한다(Griswold and Prasert 1973, 76).

아유타야 왕조의 왕들 중에서도 힌두교의 신상들을 세우는 경우가 종종 있었다. 아유타야 왕실연대기에 기록되어 있는 대표적인 예로, 나라이Narai 왕(재위 1656-1688)은 다른 왕자들과의 치열한 싸움 끝에 1656년 왕위를 획득한 후 곧 4구의 시바 신상을 주조하고 모두 금박을 입히도록 했다. 왕실연대기가 말하는 신상들의 제작 목적은 매우 간단하게도 그들을 "왕실의식들을 행할 때 경배하는 데" 쓰기 위한 것이었다(Phonnarat 1864, 387-388).

14세기 중엽부터 시작되는 아유타야 왕조와 톤부리Thonburi 왕조(1767-1782) 그리고 짜끄리Cakri 왕조의 절대군주제 시대(1782-1932)까지 태국의 왕권을 논할 때, 대개 힌두교적 왕권과 불교적 왕권의 두 가지 측면을 중시한다. 그러나 이 중 왕권의 신성과 신격화를 강조하는 힌두교적 왕권은 재고되어야 마땅하다. 종래 대륙동남아의 상좌부불교 국가들과 이슬람 이전의 자바 왕국들에서의 왕권은 인도의 힌두교 영향을 받아 신성시되었다고 종종 간주되었다. 웨일즈는 힌두교 전통에서 왕은 시바신이나 비슈누신과 동일시되었

아유타야에 있는 프라 시 산펫 사원. 불교는 아유타야 왕국 시대에도 국가의 중심적 이념이었다.

고, 그러한 신적인 왕권 개념은 캄보디아에 도입되어 데바라자 컬트로 확립되었다고 말한다(Wales 1931, 29-30). 고대 동남아의 국가와 왕권을 다룬 논문에서 하이네겔더른은 더욱 명백한 어조로 다음과 같이 말한다(Heine-Geldern 1956, 6).

왕들의 신성은 당시 지배적인 종교에 따라 다양한 방식으로 인식되었다. 힌두교가 지배적이던 곳에서는 왕은 신의 화신incarnation이나 신의 후예로 혹은 그 두 가지 모두로 간주되었다. 대부분의 경우 시바신이 왕의 존재로 스스로 화신했거나 왕조를 창시했다고 생각한다.

고대 동남아 연구에 많은 영향을 끼친 쇠데스는 심지어 "모든 증거로 볼 때, 왕이 고대 캄보디아의 위대한 신 그 자체였으며, 산의 형태로 된 거대 기념물들과 모든 신전들은 왕에게 봉헌된 것이었다고 말하는 것이 확실하다"라고 단언한다(Coedès 1963, 31). 이러한 주장은 캄보디아와 동남아의 역사에 대한 다른 많은 서술들에서 무비판적으로 수용되어 왔다(Hall 1966, 99; Ishii 1986, 151; Osborne 1997, 64).

대륙동남아 상좌부불교 국가들에서의 신적 왕권에 대한 논의는 대부분 캄보디아의 앙코르 제국(9세기 초~15세기 중엽)의 왕들을 중심으로 행해져 왔다. 그 논의의 핵심은 앙코르 왕들은 데바라자이며, 그들의 신적 존재는 데바라자의 링가linga, 즉 시바신의 상징인 남근男根을 통해 표출된다는 것이다. 즉 링가가 앙코르 왕들 자체를 나타낸다고 간주하는 것이다. 그러나 필리오자트에 의해 제기된 새로운 설명에 따르면, "신들의 왕"을 뜻하는 데바라자는 인간이 아니라 어디까지나 힌두교의 신인 시바로서, 링가의 형태로 산 정상이나 산을 상징하는 신전에 세워졌다(Filliozat 1966, 102-103).

여기서 왕의 신격화 및 왕권의 신성화 문제와 관련하여 중시해야 할 것은 앙코르의 왕들이 데바라자 컬트에서 경배의 대상이 되었는가 하는 점이다. 기원 1052년의 스독깍통Sdok Kak Thom 비문에 따르면, 앙코르 왕국을 창시하고 데바라자 컬트를 캄보디아에 처음으로 도입한 자야바르만Jayavarman 2세(재위 802-834)는 한 브라만 사제로 하여금 깜라뗑 자갓 따 라자kamraten jagat ta rāja(왕이신 우주의 지배자"), 즉 데바라자에게 제사와 경배를 올리게 했다. 자야바르만 이후의 시대에서도 앙코르의 왕들은 결코 데바라자로 숭배되거나 경배의 대상이 되지 않았다. 스독깍통 비문은 "깜라뗑 자갓 따 라자"와 "깜라뗑 프다이 까롱kamraten phdai karoṃ"을 분명히 구분한다. 후자는 "낮은 면의 지배자", 즉 땅의 왕을 뜻한다. 비문에 따르면, 자야바르만 2세는 제사를 통해 우주의 지배자인 "오직 유일한 왕"만 존재하는 것이 자신의 소원이라고 밝혔다. 즉, 앙코르의 왕들이 브라만 사제로 하여금 데바라자 의식을 거행하게 한 것은 자신의 신격화를 위한 것이 아니라 데바라자, 즉 시바신을 경배하기 위한 것이었고, 그 목적은 우주의 통치자인 시바신이 땅의 통치자인 왕 자신을 보호해 주도록 비는 것이었다(Kulke 1974, 34-40). 다시 말하자면, 데바라자 컬트는 왕권의 수호신인 시바신에 대한 하나의 종교적 제사행위였던 것이다. 앙코르의 왕들은 데바라자 컬트를 통해 힌두교 신을 경배했지만, 그것은 또한 자신의 권위를 높이고 왕권을 강화하는 목적을 갖고 있었다. 그러나 데바라자 컬트들을 묘사하는 앙코르의 여러 비문들에 따르면, 왕이 왕권의 정당성을 갖는 것은 자신이 신이기 때문이 아니라 신에게 올바른 제사를 드림으로써 비로소 가능했다(Mabbett 1969, 207-209). 이로써 힌두교 문화의 영향을 받은 고대 동남아 왕국들의 왕들이 "데바라자"와 동일시되는 존재로서 신격화되었다는 종래의 주장은 반박된다.

위의 논의와 관련하여, 근대 이전 태국 왕들의 대관식에서 새로이 왕위에 오르는 왕이 힌두교 신의 화신으로 간주되었다는 주장도 재고되어야 한다. 태국의 역사학자 타니는 대관식에서 힌두교 신들, 특히 시바신이 "기름부음을 받는 왕에게 침투하도록to pervade the anointed monarch" 유도되며, 그러한 왕에게 "디브야데바바따르 dibyadebāvatār" 즉 "천신들의 화신incarnation of celestial gods" 이라는 별칭이 주어졌다고 설명한다(Dhani 1954, 171). 아낀 라피팟은, 타니의 설명에서 한 걸음 더 나아가, "디브야데바바따르" 별칭의 부여가 포함된 대관식을 통해 "왕은 (힌두교)신과 하나가 되었다the person of the king was assimilated with the god"라고 말한다(Akin Rabibhadana 1969, 40). 아낀 라피팟의 설명은 태국 국왕의 데바라자적 신격화 담론에 속한다.

타니가 산스크리트로 표현한 "디브야데바바따르dibyadebāvatār"는 "디브야바따르divyāvatār"가 바른 형태이다. "디브야바따르"는 "디브야divya" 즉 천신天神과 "아바따르avatār"의 합성어로, 근대 이전 태국에서 대관식과 관련된 왕권의 성격을 바르게 이해하기 위해 우리에게 중요한 것은 후자인 "아바따르"의 의미이다. "아바따르"는 서양에서 일반적으로 "화신incarnation"으로 번역되어 왔으며, 그것은 대개 신이 인간의 모습으로 지상에 내려온 존재를 가리키는 것으로 이해되어 왔다. 이러한 이해는 특히 비슈누 신이 여러 존재의 형태로 지상에 내려 왔다는 신화에서 의미를 갖는다. 그에 비해 "아바따르"의 문자적 의미는 "(신이 하늘에서 지상으로) 내려온 것"이며, 그에 따라 "디브야바따르"는 "천신이 임한 존재"로 번역될 수 있을 것이다. 즉 "디브야바따르"는 대관식에서 브라만교적 의식을 통해 힌두교의 신들이 내려와 임한 왕의 존재였고, 대관식의 왕은 힌두교의 신들, 특히 시바신이 자신에게 임하여 통치를 위한 능력을

24

불어넣어 주는 "디브야바따르"가 되기를 원했던 것이다. 그리고 그러한 바람은 어디까지나 시바신에 대한 하나의 종교적인 제의행위 차원에서 일어났던 것이다. 이러한 해석은 스독깍통 비문을 근거로 한 위의 데바라자 컬트의 해석에도 어울린다.

웨일즈는 아유타야 왕국에서 "신적 왕권divine kingship"이 발전한 것은 1431년 타이 군대가 앙코르 왕국을 공격하고 많은 브라만 사제들과 크메르 관리들을 붙잡아 아유타야로 데려온 이후라고 말한다(Wales 1965, 16). 그가 말하는 "신적 왕권"은 왕을 시바신이나 비슈누신과 동일시하는 것으로, 위에서 입증된 것처럼 그 이념적 근거가 없다.

이때까지 살펴본 힌두교적 신적 왕권 개념에 대한 비판적 고찰을 바탕으로 위에서 언급한 리타이 왕과 나라이 왕이 만들게 한 힌두교 신상들의 의미를 다시 한 번 짚어본다. 우선 14세기 중엽 리타이 왕이 브라만교적 컬트의 대상으로서 힌두교 신상들을 세우게 한 것은, 위에서 분석된 스독깍통 비문의 내용에 비추어 보면, 힌두교 신들이 왕 자신을 수호해 주기를 원했기 때문이었고, 그것은 특히 그리스월드와 쁘라섯 나 나콘의 정치학적 해석을 받아들인다면 수코타이 왕국의 영광을 부활시키고 강력한 정부를 수립하는 데 신적인 보호가 필요했기 때문이었을 것이라고 볼 수 있다. 여기에 그 이상의 해석, 예컨대 왕권의 신성화를 위한 시도였다든지 등의 설명을 붙이는 것은 무리이다. 이와 관련하여 앙코르의 왕들이 세운 힌두교 신상들에 대한 마벳의 해석을 중시할 필요가 있다. 그에 따르면, 그들은 왕실의 중요한 가족을 위해 힌두교 신상을 세우고, 힌두교 신의 명칭과 그 왕족의 이름을 합쳐 그 신상의 명칭을 정했는데, 이 모든 것은 그

개인의 신격화를 위한 것이 아니라 힌두교 신앙 특히 윤회관에 입각하여 죽은 후 힌두교 신과 합일하려는 염원에서 비롯되었으며 나아가서는 왕국과 왕실의 번영을 위한 것이었다(Mabbett 1969, 214-217). 나라이 왕이 시바 신상들을 제작하게 한 것도, 그의 등위 과정과 집권 초라는 시점을 고려할 때, 자신의 왕권 강화를 위한 것이었다고 해석할 수 있다. 그러나 그것은 어디까지나 왕실의식을 통해 왕에 대한 시바신의 보호를 비는 하나의 컬트였을 뿐, 그 이상의 동기, 예컨대 왕을 신격화하려고 했다는 것은 확인되지 않는다.

3. 담마라자와 짜끄라바르띤: 불교적 왕권

그렇다면 태국에서 왕권의 신성화는 도무지 없었던가? 앞에서 고찰한 바를 두고 볼 때, 왕권의 힌두교적 신격화는 일어나지 않았다고 보인다. 아유타야 왕조의 보로마꽃Boromakot 왕(재위 1733-1758) 시대인 1740년경 공포된 한 법령은 왕권의 성격에 대해 다음과 같이 말한다(Kotmai Tra Sam Duang 1962, V, 152).

나라에는 오직 왕만 위대하다. 그 이유는 왕은 신thewada과 같은 존재로 높은 자를 낮게 만들고 낮은 자를 높게 만들 수 있기 때문이다. 만약 왕이 성지聖旨를 갖고 있으면, 그것이 어떤 일로 인한 것이든 상관없이, 그 성지는 하늘의 도끼처럼 나무와 산을 정확히 쪼개기까지 할 것이다. 이들은 견디지 못하고 파괴되어 버릴 것이다.

위의 법령에서 "신"은, 붓사꼰 라일럿이 정확하게 보는 것처럼,

regalia - 태국 왕권을 상징하는 5가지 어기(御器). 위에서 밑으로 그리고 왼쪽에서 오른 쪽으로, 왕관(王冠), 어선(御扇) 즉 부채, 어검(御劍), 어혜(御鞋) 즉 샌들, 어장(御杖) 즉 막대기.

불교적 신인 인드라Indra와 동일시된다. 그것은 "하늘의 도끼"가 천둥번개를 가리키며, 이 천둥번개는 인드라의 무기 중 하나이기 때문이다(Busakorn Lailert 1972, 144). 이 법령에서 만약 우리가 태국 왕권의 "신성화"를 발견하려 든다면, 그것은 어디까지나 불교적 맥락에서 가능할 것이다. "신성화"된 불교적 왕권이란 불법佛法을 지키는 정의로운 군주인 담마라자dhammarāja와 "세계의 정복자World Conqueror"인 짜끄라바르띤cakravartin의 두 가지 성격을 모두 갖고 있다. 그러나 담마라자와 짜끄라바르띤은 서로 긴밀히 연결되어 있지만, 다음 장에서 보게 될 것처럼, 동시에 매우 상호 모순된 측면을 갖고 있는 개념들이기도 하다.

절대왕정 시대 태국 왕권의 종교적 바탕에서 가장 중요한 것은 불교로서, 아유타야 왕들은 왕권을 정당화하거나, 강화하고자 할 때 불교에 호소했다. 그것은 불교가 지배적인 문화적 이념이었던 당시 타이 사회에서 필연적인 선택이었을 것이다. 아유타야 시대에 대한 일차사료들에는 왕위를 노리는 자나 국왕이 왕권의 획득 혹은 강화를 위해 불교를 중시하고 이용한 사례가 도처에서 발견된다.

아유타야 왕실연대기에 따르면, 1629년 찬탈을 통해 왕위에 오른 쁘라삿통Prasat Thong(재위 1629-1656) 왕은 1632년에 완공된 한 궁전을 캄보디아 앙코르 왕국의 수도였던 야소다라푸라 Yasodharaphura의 명칭을 따라 "시리 욧소톤 마하피만 반용Siri Yotsothon Mahaphiman Banyong"이라고 불렀다. 그러나 쁘라삿통은 그 후 꿈속에서 불교의 수호신인 인드라를 보았고, 이것은 궁정 점성가들에 의해 인드라가 새 궁전의 명칭에 반대하는 것으로 해석되어 궁전 명칭을 인드라의 궁전 이름에 따라 "짜끄라왓파이차욘 마하쁘라삿Cakrawatphaichayon Mahaprasat"으로 고쳤다(Damrong Rachanuphap 1952, II, 1, 18-19).

1680년대 수년 간 태국에 머물렀던 프랑스인 드 베즈de Bèze 신부의 기록에 의하면, 1688년 친유럽적인 나라이 왕의 정부를 전복하려던 궁정혁명 시 쿠데타의 주동인물이었던 펫타라차Phetracha는 주위 사람들에게 자신이 불교의 후원자임을 과시했으며, 이를 통해 자신을 위한 지지자들을 얻고자 노력했다(Hutchinson 1968, 58ff).

아유타야 왕들은 자신들이 왕권을 차지한 것이 전생의 공덕 때문이라고 스스로 믿었으며 또한 다른 사람들에게도 그렇게 납득시키기 위해 노력했다. 그러나 왕권이 공덕의 양에 따라 결정된다는 인식의 바탕 위에서는 태국의 왕들은 등위 직후 왕권 획득의 정당성을 위한 공덕뿐만 아니라 왕위에 계속 머무르는 데도 충분한 공덕을 갖고 있다는 것을 다른 사람들에게 끊임없이 확인시킬 수 있어야 했다. 그렇지 않으면 다른 사람이 동일한 공덕사상을 이용하여 현재의 왕의 공덕은 소진되었고 이제는 자신이 왕이 될 공덕을 갖추고 있다고 주장함으로써 쿠데타의 지지세력을 모으고 반역을 정당화할 수 있었을 것이다(Busakorn Lailert 1972, 133-136).

아유타야 시대 사람들이 불교의 공덕사상을 왕권의 결정적 요인으로 간주했다는 측면은 아유타야 왕실연대기에 기록되어 있는 몇몇 사례들에서 암시되어 있다. 예컨대 1703년 펫타라차 왕(재위 1688-1703)이 자신의 후계자로 지목한 피차이수린Phichaisurin 왕자는 펫타라차 왕이 죽자,

> 나는 덕이 부족하고 공덕도 적고 힘도 작아 왕국의 부를 지킬 능력이 없을 것입니다. 만약 내가 이제 왕국을 다스리면, 왕국과 왕국의 부에 위험이 닥칠 것입니다. …… 흰 양산은 큰 상서로운 것으로, 과거에 쌓은 공덕에서 비롯되는 우월한 지위를 갖지 못한 자는 흰 양산을 유지하고 지키지 못할 것입니다.

라고 말하면서 당시 실권자였던 루엉 소라삭Luang Sorasak에게 왕위를 바쳤다(Damrong Rachanuphap 1952, II, 1, 263). 위의 인용문에서 흰 양산은 왕권을 상징한다.

구층백산(九層白傘).
타이어로 프라 마하 사웻 찻.
'사웻 찻'은 산스크리트 '스베
따 차뜨라'에서 파생한 것으로,
'흰 색의 파라솔'을 뜻한다. 9
층의 흰 파라솔은 전통 왕국 시
대부터 태국 왕권의 가장 중요
한 상징물이다. 9층으로 된 것
은 대관식을 치른 국왕관 사용
할 수 있다.

불교군주로서의 이미지를 가장 강하게 보여주는 아유타야 왕들 중
의 한 명인 보로마꼿 왕은 원래 선왕이 지목한 왕위계승자가 아니었
고, 선왕의 아들들을 살해하고서야 왕위에 오를 수 있었다. 그러한
등위를 정당화하는 유일한 방법은 자신이 왕위에 오른 것이 전생의
공덕에 의해 이미 결정되어 있기 때문이라고 주장하는 것이었다
(Busakorn Lailert 1972, 136-137).

불교군주의 이상적 이미지는 아유타야 시대에 제도화되어, 고古
타이 왕국의 법전인 『꼿마이뜨라삼두엉Kotmai Tra Sam Duang 三印

法典』의 도입부를 형성하는 프라 탐마삿Phra Thammasat에 다음과 같이 명시되어 있다(Kotmai Tra Sam Duang 1962, I, 16).

왕은 10가지 왕의 법도에 머물러 있어야 하며 항상 오계五戒와 불교 절일節日에는 팔계八戒를 지켜야 한다.[1] 그는 모든 존재들에게 자비를 베풀어야 한다. 그리고 그는 법전을 공부하기 위해 끊임없이 노력해야 한다. 그는 자신에게 유익한 자와 유익하지 않은 자의 바름과 그름을 판단하는 것, 정의롭고 진실한 자를 올려 세우는 것, 정당한 방식으로 부를 획득하는 것, 정당한 방식으로 왕국의 행복을 유지하는 것 등 4가지 법을 행해야 한다.

10가지 왕의 법도는 보시布施 dāna, 바른 행위sīla, 관용khanti, 희생 및 헌신pariccāga, 공명정대 ajjava, 온화 maddava, 금욕 및 자제 tapo, 화내지 않기 akkodha, 다른 존재에게 해를 끼치지 않기 avihiṃsā, 비저항avirodhana 등을 포함한다(Pali-English Dictionary 1979; Ishii 1986, 44-46). 특히 불교군주로서 지켜야 할 이 10가지 왕의 법도, 즉 랏차탐ratchatham(팔리 rājadhamma)은 아유타야 시대 태

1) 오계는 살생 금지pāṇātipātā, 주어지지 않은 것을 취하지 않기adinnādānā, 그릇된 육체적 쾌락을 삼가기kāmesu micchācārā, 그릇된 언행을 삼가기musāvādā, 부주의한 정신상태를 유발하는 것을 먹거나 마시지 않기surāmeraya majjapamā daṭṭhāna 등이다. 팔계는 위의 오계 중의 살생 금지pāṇātipātā, 절도 금지adinnā dānā, 그릇된 언행 금지musāvādā, 음주 금지surāmeraya majjapamādaṭṭhāna 외에 악한 행실을 삼가기abrahmacariyā, 그릇된 시간에 식사하는 것을 삼가기 vikālabhojana, 춤추기, 음악하기, 연극 관람, 꽃, 화장, 장식품 등으로 치장하기를 삼가기naccagitavāditavisūkadassanā mālāgandhavilepanadhāraṇamaṇḍanav- ibhūsanaṭṭhāna, 높고 큰 잠자리를 삼가기uccāsayanā mahāsayanā 등을 포함한

국 왕들이 매우 중시했던 것으로 보인다. 나라이 왕이 작성했다고 전해 내려오는 민간전승 가운데 하나인 "플렝 야오 파야끈 끄룽시 아유타야phleng yao phayakon krung si ayutthaya", 즉 '아유타야에 대한 예언의 노래'는 "아유타야는 10가지 왕의 법도가 결여된 자가 왕위에 오르기까지는 행복하고 번영하는 왕국으로 머무를 것이다" 라고 말한다(Busakorn Lailert 1972, 139-140). 이상의 인식은 불교적 왕권의 핵심 개념인 담마라자와 연결된 것으로서, 왕은 담마dham-ma(산스크리트 dharma), 즉 불법佛法, 정의正義에 따라 행하는 존재 라는 것이다(Wales 1965, 19). 담마라자 즉 법왕法王, 정의로운 왕으로서의 의무는 위에서 본 것처럼 프라 탐마삿에 구체적으로 명시되어 있다. 이처럼 담마라자로서의 "신성화"된 불교적 왕권은 백성과 사회에 대한 불교적 책임을 갖는 제한된 성격을 갖고 있는 것이었다.

담마라자 개념은 또 다른 중요한 불교적 왕권 개념인 짜끄라바르띤과 연결되어 있다. 불경 중 장부長部, Dighanikāya의 전륜왕경轉輪王經, Cakkavatti-suttam에 따르면, 한 나라를 다스리는 국왕은 자신을 "담마라자"로 정당화할 수 있어야 하며, 담마의 실현을 통해 짜끄라바르띤 즉 전륜왕轉輪王이 될 수 있다. 군주는 불법佛法을 준수하고 백성들에게 불법의 모범이 되며 사람과 짐승을 포함한 왕국 내 모든 중생을 보호하는 등 담마라자로서 나라를 다스리다 보면, 어느 날 문득 짜끄라cakra, 즉 하늘에서 내려온 우주의 바퀴가 그의 앞에 나타날 것이다. 그러면 왕은 그의 군대와 함께 짜끄라를 따라 동서 남북 사방으로 가서 세계의 모든 왕들의 복종을 받고 그들에게 불법을 가르치며 마침내 우주의 바퀴를 돌리는wheel-turning, 진정한

붓다의 전생설화인 자따까 중의 하나인 베산따라자따까에 나오는 한 장면. 베산따라 왕은 깔링가 왕국에서 온 브라만 승려들에게 왕권의 한 상징인 흰 코끼리를 주어버린다. 여기서는 물병의 물을 부어주는 것으로 보시의 행위가 상징되어 있다. 보시는 불교군주가 지켜야 할 10가지 왕의 법도 가운데 첫 번째 덕목이다.

"세계의 정복자"인 짜끄라바르띤이 된다는 것이다(Dhani 1954, 164-165).

불경의 장부에서 말하는 짜끄라바르띤은 큰 공덕을 지닌 자로서 세상의 모든 네 대륙을 무력을 쓰지 않고 오직 담마와 평화로운 수단을 통해서만 정복하고 통치하는 왕을 일컫는다(Sunait Chutintaranond 1990, 72-73). 즉 가장 이상적인 담마라자가 짜끄라바르띤이 될 수 있다고 보는 것이다. 동남아의 왕권 사상을 연구하는 학자들은 대부분 이러한 짜끄라바르띤 개념을 중시하여 짜끄라바르띤이 오직 담마에 입각하고 평화로운 수단을 통해서만 통치하는 불교군주라고 이해한다. 그러나 다음 장에서 논의될 것처럼, 태국의 국왕들을 포함한 동남아의 불교군주들 중에는 한편으로는 담마라자를 추구하면서, 다른 한편으로는 짜끄라바르띤으로서의 위상을 얻기 위해 유혈적 정복사업과 폭력적 통치에 호소하는 자들도 흔히 발견된다.

II. 군주-관료-백성 관계

1932년 이전 절대군주 시대 태국에서의 왕권은 여러 사료들에서 나타나는 실제적인 정치적 상황들에서 상호 모순적인 세 가지 측면을 보여준다.

첫째는 왕권이 의식儀式적 측면에서 힌두교적 신격화의 대상이 되지 않았음에도 불구하고, 실제적으로 왕은 백성과는 별개의 존재로 백성 위에 군림하는 절대군주의 위상을 가졌다는 것이다.

둘째, 짜끄라바르띤을 추구하는 불교군주들이 평화로운 수단으로 통치하리라는 기대에도 불구하고, 실제적으로는 종종 백성을 폭력적 수단으로 압제하며 이웃국가들에 대해 유혈적인 전쟁을 벌였다.

셋째, 불교적 왕권 개념을 통해 왕은 모든 백성들의 충성과 경외의 대상이 될 것이라는 기대에도 불구하고, 태국 국왕들은 실제적으로는 종종 왕자들과 신하들의 세력경쟁과 반역에 직면했거나 심지어 그들에 의해 시해되기도 했으며, 이윽고 19세기 말부터는 절대군주에 대한 의문이 제기되는 상황이 나타났다.

　이 장에서는 세 번째 측면을 분석할 때 그 시기를 1880년대 전반까지로 국한한다. 1880년대 후반 이후 타이 사회에서 나타나는 입헌군주에 대한 논의는 이 글의 3장에서 다룬다.

1: 백성 위에 군림하는 절대군주

　우선 절대군주로서의 위상에 대해 살펴보자. 근대 이전 태국에서 일단 왕이 되면 그는 일반적인 세계와는 별개의 존재로 간주되었다. 왕은 왕궁 내부에서 왕실호위대에 둘러싸여 외부의 무단접근으로부터 철저히 보호되었다. 왕이 왕궁 밖을 나서는 경우는 드물었지만, 일단 행차가 있게 되면, 왕이 지나가는 곳에서는 백성들의 일상생활이 모두 정지되었다. 배를 타고 행차를 하면, 맞은편에서 오는 배에 타고 있는 사람들은 왕의 배가 지나갈 때까지 배 바닥에 얼굴을 댄 채 엎드린 자세로 있어야 했다(Terwiel 1983, 2). 1685년 아유타야를 방문한 프랑스 신부 부베는 "왕이 강으로 행차할 때 (연변의) 집들은 모든 창과 문을 닫아야 했다"라고 전한다(Bouvet 1686, 132). 왕이 육로로 행차할 경우도 그 상황은 비슷했는데, 이에 대해서는 17세기 중엽 태국을 여행한 장 밥티스트 타베르니에의 다음과 같은 보고가 있다(Tavernier 1984, 272).

　왕이 나타나면, 모든 문과 창은 닫아야 한다. 백성들은 땅바닥에 납작 엎드려야 하고 왕을 쳐다보면 안 된다. 아무도 왕보다 더 높은 곳에 있으면 안 되기 때문에, 모든 사람들은 집 안에 들어가 있어야 한다.

또한 왕의 행렬이 지나갈 때까지 백성들은 절대적인 침묵을 지켜야 했다(Gervaise 1688, 293). 왕의 행차 시 왕을 쳐다보지 못하게 한 것은 한편으로는 행차 시 왕의 목숨을 노리는 자들로부터의 위험을 원천 봉쇄한다는 효과를 가질 수 있었을 것이다(Wales 1931, 35). 그러나 그것은 다른 한편으로는 왕의 존엄성에 대한 백성들의 경각심을 유지시키는 데 필요했을 것이며, 이 측면이 절대군주로서의 위상에 대한 현재의 논의와 관련하여 더욱 중요하다. 왕의 존엄성은 1630년대 초부터 1640년대 초까지 아유타야에서 활동한 네덜란드인 예레미아스 반 블릿이 "왕은 왕국과 그 속국들과 백성들의 생명과 재산에 대해 지상至上의 권력과 권한을 갖고 있다"라고 말한 것에서 추론할 수 있는 것처럼(Van Vliet 1910, 15), 왕이 왕국 내 실질적인 최고의 권력자이자 백성의 "짜오 치윗cao chiwit" 즉 "생명의 주인"이라는 인식과 관련되어 있다고 보인다.

그렇다면 백성과는 별개의 존재로서 백성 위에 군림하는 절대적 군주로서의 왕권의 이념적 바탕은 과연 무엇인가라는 의문이 제기된다. 이 의문에 대한 답으로 우선 왕은 지배의 제도적 및 군사적 힘을 가진 왕국의 통치자라는 단순한 측면을 생각할 수 있다. 그러나 보다 중요한 측면은 불교적인 바탕으로, 왕은 불교적 카르마karma 이론 혹은 공덕사상에 따라 그가 통치하는 왕국 내에서 세속적 차원에서는 전생에 가장 많은 공덕을 쌓은 존재이며, 그 때문에 그는 백성들의 복종과 충성을 받을 권리가 있다는 생각이다. 그리고 왕권은 왕국의 문화적 정체성과 정치적 질서의 바탕인 담마를 세상에서 구현하는 중심적 존재이자 나아가서는 담마의 상징 그 자체이기 때문에 경외되고 신성시될 수 있었던 것이다(Akin Rabibhadana 1969,

47).

　여기서 또 다른 의문이 꼬리를 물고 일어난다. 왕이 백성들에게서 담마의 상징으로 받아들여졌다면 위에서 본 접근될 수 없는 그리고 심지어 쳐다보아서도 안 되는 왕의 이미지는 과연 어떻게 해석되어야 하는가? 그것은 담마라자와 짜끄라바르띤에 어울리는 것인가? 마지막 물음에 대한 답은 누가 보아도 부정적일 수밖에 없다. 그러한 왕의 이미지는 불교적 왕권과는 거리가 먼 것으로 보인다. 그리고 그것을 힌두교적 신격화와 연결시키는 것도, 앞에서 설명된 것처럼, 정당한 근거가 없다. 현재의 사료로서는 이에 대한 설득력 있는 설명을 찾지 못한 필자는 하나의 잠정적인 결론으로 그것을 왕권의 절대적 위치를 확보하고 유지하기 위한 하나의 제도적 장치로 간주하고자 한다.

2. 무력적인 짜끄라바르띤

　앞 장에서 말한 평화적 이미지의 짜끄라바르띤 개념은 동남아의 상좌부불교 국가들에서 군주들이 역사적으로 보여주었던 실제적 통치방식과 정복행위와 반드시 일치하는 것은 아니었다. 기원 4 − 5세기에 인도에서 활동한 저명한 대승불교 철학자인 바수반두 Vasubandhu는 『Abhidharmakośa』에서 네 가지 유형의 짜끄라바르띤을 구분한다.

　첫째는 금륜金輪 짜끄라바르띤으로 평화로운 수단으로 세상을 정복하여 세계의 네 대륙을 모두 통치한다.

　둘째는 은륜銀輪 짜끄라바르띤으로 세 대륙을 지배한다.

셋째는 동륜銅輪 짜끄라바르띤으로 두 대륙을 지배한다.

넷째는 철륜鐵輪 짜끄라바르띤으로 무력을 통해 정복하며 세계의 4분의 1인 잠부디빠Jambudipa 대륙만 지배한다. 이 마지막 짜끄라바르띤은 종종 "무력" 혹은 "군대"를 뜻하는 "발라bala"와 결합하여 "발라짜끄라바르띤"이라고도 불린다(Strong 1983, 51-56).

상좌부불교는 스리랑카, 미얀마, 태국 등에서 왕권의 후원을 업은 하나의 제도종교로 발전했는데, 그 과정에서 짜끄라바르띤 개념도 이 나라들의 토착적인 정치적 전통과 상황에 알맞게 적응되고 변화되었다. 여기서 동남아의 상좌부불교 국가들에서 평화로운 짜끄라바르띤 개념 대신 무력적인 짜끄라바르띤 개념이 발전한 과정에 대해 살펴볼 필요가 있다.

후대의 불교도들과 불교학자들은 발라짜끄라바르띤의 대표적인 인물로 기원전 3세기 무력으로써 인도를 통일한 아쇼카Aśoka 왕을 든다. 특히 그를 발라짜끄라바르띤으로 묘사한 스리랑카의 왕실연대기들은 미얀마를 포함한 동남아의 여러 나라들에 소개되었는데, 그 과정에서 전쟁을 통해 발라짜끄라바르띤이 된 아쇼카 왕의 이미지가 동남아의 불교군주들에게 알려지게 되었다. 이들은 왕국을 건설하고 확장하며 특히 강력한 왕권이 중심이 된 패권주의적 제국을 건설하는 데 있어서 아쇼카의 발라짜끄라바르띤을 불교군주의 이상적 모델로 삼은 것으로 보인다(Sarkisyanz 1965, 92-93).

그리하여 예컨대 미얀마의 짠시타Kyanzittha(재위 1084-1111) 왕은 여러 비문에서 "발라짜끄라와balacakkrawar"의 칭호가 붙여지며, 그의 명성과 용맹이 잠부디빠의 영역에서 칭송을 받는 위대한 군주로 그려져 있다. 그 외에도 미얀마의 왕들 가운데 나라빠띠시투

Narapatisithu(재위 1173-1210), 알라웅퍼야Alaungpaya(재위 1752-1760), 보도퍼야Bodawpaya(재위 1781-1819) 등도 잠부디빠의 통치자로 묘사되었다. 태국의 왕들 중에서는 보롬마뜨라이록까낫Borommatrailokanat(재위 1448-1488) 왕이 전쟁 승리의 송축시에서 "잠부디빠 대륙의 지배자"로 칭해져 있으며, 딱신Taksin(재위 1767-1782) 왕은 라오스의 한 왕에게 1775년 보낸 서신에서 자신을 "잠부디빠의 위대한 왕"이라고 불렀다(Sunait Chutintaranond 1990, 93-96).

19세기 초까지의 수백 년 간 태국의 왕들이 이웃국가들과 치른 숱한 전쟁들과 왕자들 간 혹은 왕실과 관료사회 간 빈번하게 일어난 왕위계승 분쟁들에 대한 이야기는 태국의 왕실연대기들의 많은 부분을 차지한다. 동남아의 다른 상좌부불교 국가들에서도 그 사정은 비슷할 것이다. 전쟁과 내전의 기록들은 사실 불교군주의 담마 이상에 걸맞지 않다. 태국의 불교군주들이 역사적으로 보여준 전쟁행위와 국내에서의 피비린내 나는 권력투쟁들은 어떻게 이해되어야 하는가? 불교군주들은 실제적 통치 과정에서 위협적인 이웃국가들을 견제하고 주변 속국들을 통제하며 국내의 질서와 안정을 위해 담마의 준수와 확립보다는 군사력과 전쟁과 절대군주로서의 위상 유지를 위한 제도에 의지하는 데 더욱 많은 관심을 갖고 있었을 것이다. 그렇다면 담마라자 및 짜끄라바르띤의 이상적 이미지와 왕들의 정치적 현실 간 괴리는 어떻게 설명될 수 있을까?

수넷 추띤타라논은 상좌부불교 국가들의 왕들이 폭력과 살육을 수반한 전쟁을 행하는 것은 적을 마라māra, 즉 불법의 실현과 성취를 방해하는 악마로 간주하기 때문에 불교의 적인 이들을 제거하고 자

신의 왕국에 불교적 질서와 평화를 수립하고 보호하는 것을 불교군
주로서의 의무로 간주했으며, 이를 통해 스스로를 짜끄라바르띤으
로 내세울 수 있었다고 해석한다. 역사적인 예로서 그는 딱신 왕과
라마Rama1세(재위 1782-1809)가 미얀마 군대와 싸울 때 전쟁을 치
르는 것은 불교를 보호하기 위함이라고 선포한 점이라든지, 라마3세
(재위 1824-1851)가 캄보디아로 1840년 태국 군대를 출정시키면서
그 원정은 당시 태국이 자신의 속국으로 여기던 캄보디아에서의 불
교를 베트남인들의 손으로부터 지키기 위함이라고 선포한 점을 든
다(Sunait Chutintaranond 1990, 106-111). 이처럼 태국의 국왕들
은 담마를 수호하는 것이 불교군주 그리고 나아가서는 짜끄라바르
띤으로서의 의무이기 때문에, 적들에 대해 폭력을 행하는 것은 불교
적 관점에서 합법적이라고 해석했던 것이다. 그리고 그때 그들은 도
달하기 어려운 금륜 짜끄라바르띤보다는 불교군주의 이상적 모델인
아쇼카 왕의 발라짜끄라바르띤을 추구하는 자신들의 위상에 만족했
을 것이다.

3. 반역과 왕위찬탈

왕위가 반역과 찬탈의 대상이 될 수도 있었다는 왕권의 실제적 상
황의 세 번째 측면에 대해 살펴보자. 1680년대 태국을 방문한 프랑
스인 시몽 드 라 루베르는 태국 국왕들의 왕권에 대한 실제적 상황
과 특히 왕권에 대한 백성들의 실제적 자세에 대해 흥미로운 보고를
남겼다(La Loubère 1987, 356).

태국 아유타야 왕국의 나라이왕이 1685년에 프랑스 사신 슈발리에 드 쇼몽 일행에게 알현을 베푸는 광경. 백성에 대해 절대적인 권력을 지닌 존재로 인식되었던 국왕은 감히 범접될 수 없는 높은 곳에 자리를 잡는 데 비해, 신하들은 바닥에 엎드린 자세를 취해야 했다. 태국 사회의 이러한 권력 관계에 매이기를 거부한 프랑스 사신은 태국 국왕에게 선 자세로 접근한다.

백성들의 운명과 삶을 그토록 절대적으로 좌지우지하는 이 왕들은 그 왕좌가 그만큼 더욱 불안하다. 왕들은 자신들의 신하들 가운데 어떠한 자에게서도 우리가(프랑스인들이: 역주) 우리의 왕에 대해 갖는 충성과 사랑을 발견하지 못하며, 발견한다고 해도 그것은 기껏해야 소수의 사람들에게서 이다. 재산이라고는 아무 것도 없으며, 자신들의 나라에는 확고한 생계바탕이 없기 때문에 땅에 심어둔 것에만 의지하여 사는 사람들은 왕에 대해 별다른 애착심이 없다. 그들은 어떠한 왕의 통치하에서도 같은 멍에를 짊어져야 한다는 결심을 하고 있지만 더욱 무거운 멍에는 감당할 수 없다는 것에 대해 확고한 마음을 품고 있기 때문에 왕의 운명에는 별 관심이 없다. 그리고 경험이 입증하는 것처럼, 그들은 조금만 문제가 생겨도 힘이

나 술책으로 왕관을 획득하려는 자에게 왕관이 넘어가도록 둔다. 타이인이나 중국인이나 인도인은 자신의 특별한 증오심을 발휘하기 위해, 혹은 비참한 삶으로부터 벗어나기 위해, 혹은 너무 잔인한 죽음을 피하기 위해 쉽게 죽을 수 있다. 그러나 왕과 나라를 위해 죽는 것은 그들의 관습에서 미덕이 되지 않는다.

라 루베르의 이 서술은 어느 정도 유럽적 편견과 과장을 담고 있는 것이 확실하다. 그러나 절대군주의 왕좌도 신하들의 반역으로 불안할 수 있으며, 백성들이 반역과 왕위 찬탈의 결과를 기정사실로 받아들인다는 관찰은 적어도 17세기 태국에서의 왕위를 둘러싼 여러 분쟁 상황과 그에 대한 백성들의 자세를 보여주며, 그것은 다른 유럽인들의 여행보고서와 아유타야 왕실연대기의 기록을 통해서도 상당 부분 입증된다. 그러면 왕권이 왜 그처럼 불안했는가? 그 원인은 무엇보다도 전통왕국 시대 태국에서의 왕위계승 방식에서 찾을 수 있다.

태국 역사에서 왕위계승을 둘러싼 분쟁의 가장 빈번한 형태 중의 하나는 왕의 아들과 왕의 동생 간 싸움이었다. 이와 관련하여 예레미아스 반 블릿은 "시암 왕국의 한 기본적인 법에 따르면 …… 죽은 왕의 동생이 왕위에 오르고 아들은 배제된다"라고 쓴다(Van Vliet 1938, 96). 17세기 말에 태국을 방문한 독일인 엥겔베르트 캠퍼도 한 통치자가 죽고 나면 왕위는 "시암의 오래된 법의 효력에 따라" 그의 동생에게 상속된다고 보았다(Kaempfer 1987, 36).

왕위계승 시 당시 왕의 아들보다는 동생을 선호한 법적 근거가 있었다는 주장은 태국의 옛 법전인 『꼿마이뜨라삼두엉』에서 확인되지 않는다. 그러나 그 주장은 『꼿마이뜨라삼두엉』의 문관위계법文官位階法 Phra aiyakan tamnaeng na phonlaruan에 나타나 있는 삭디나 sakdina 규정과 연관지어 볼 수 있다. 왕족부터 노예에 이르기까지 왕국 내 모든 계층의 주민들의 지위 혹은 신분을 정한 삭디나 제도에 따르면, 왕의 친동생은 왕의 아들보다 삭디나가 높았다(Kotmai Tra Sam Duang 1962, I, 219-220).[2] 그러나 삭디나에서의 그러한 관계가 왕위계승 시 결정적인 요인으로 작용했는지는 역사적으로 입증되지 않는다. 게다가 19세기 말까지의 태국 역사에서 왕위가 평화로운 방식으로 왕의 친동생에게 승계된 경우는 극소수에 불과하다. 실제적인 왕위교체 상황을 조사하면, 왕위는 찬탈이나 다른 비정상적인 경우들을 제외하면, 대부분 왕의 아들에게 넘어갔다. 그렇다고 해서 왕의 적자嫡子에게 왕위계승권이 있다는 어떠한 규정이 존재했다는 말은 아니다.

태국의 왕위계승의 실제적 상황과 관련하여 드 베즈는 왕이 자신의 임종 전에 왕위계승자를 지명할 권리를 갖고 있었으며, 그 지명은 대개 존중되었다고 쓰고 있다(Hutchinson 1968, 29-30). 그에 비해 시몽 드 라 루베르는 다음과 같이 말한다(La Loubère 1987, 347).

비록 모두 왕비의 소생이 아닐지라도 형제들 사이에, 그리고 삼촌과 조카 간에 (왕위계승이 선택될 경우) 가장 나이 많은 자가 선택된다. 혹은 그

2) 삭디나의 '삭디sakdi'는 '힘'을, '나na'는 '논'을 뜻하는 것으로, 삭디나는 원래는 왕이 신하와 백성들에게 배분한 농토의 양을 가리켰을 것으로 보이지만 점차 관료사회에서의 지위나 사회적 신분과 위치를 나타내는 수치의

마하 와치룬힛 왕자의 황태자 임명식. 쭐라롱꼰 왕은 유럽의 황태자 제도를 모방하여 1887년에 당시 만 9세인 마하 와치룬힛 왕자를 황태자에 임명했다. 태국 역사상 빈번히 일어난 왕위계승 분쟁에 종지부를 찍기 위해 도입된 이 제도 역시 태국 왕권에 대한 서구 영향의 일환으로 이해된다.

보다 더욱 결정적인 것은 항상 힘이다.

이 두 프랑스인들의 관찰을 바탕으로 태국 사료들에 나타나는 왕위교체 상황들을 분석하면, 근대 이전 태국의 왕위계승에 관한 다음의 세 가지 특징을 확인할 수 있다.

첫째, 왕이 죽기 전에 내린 결정이 중요한 역할을 했으며, 이변이 없는 한, 왕이 지명한 자가 왕위를 계승했다.

둘째, 왕이 다음 왕으로 지명한 자는 일반적으로 왕자들 가운데,

그것이 왕의 아들이건 왕의 동생이건, 가장 나이가 많거나 가장 정치적 경험이 풍부한 사람이었다. 그리고 그러한 자는 왕이 지명한 자가 아니더라도 대개 왕족과 관료사회의 상당 부분의 지지를 받았기 때문에 뒤에 왕위에 오르는 경우가 많았다.

셋째, 왕위계승 과정이 불안정한 경우, 다른 경쟁자보다 우월한 군사력과 더욱 많은 관료사회의 지지를 배후에 둔 가장 강력한 자가 왕위를 차지했는데, 그것은 선왕이 지명한 새 왕이 너무 어리거나 군사력 등 물리적 바탕이 없거나 너무 약한 경우에 종종 일어났다.

왕위계승의 원칙이 없었던 점은 태국 역사에 있어서 왕위계승이 거의 항상 불안하게 진행되었고 정치적 혼란이 일어난 것의 한 중요한 배경이 되었다. 그 상황은 쭐라롱꼰Chulalongkorn, 즉 라마5세(재위 1868-1910)가 1887년에 왕위가 국왕의 아들에게 직접 승계되어야 한다는 새로운 왕위계승 제도를 도입함으로써 비로소 개선되었다(Terwiel 1983, 251).

Ⅲ. 19세기 이후 왕권과 백성 관계의 변화와 입헌군주에 관한 논의

19세기 이후 왕권과 백성과의 관계는 변화를 겪는다. 그 변화는 여러 차원에서 그리고 여러 단계로 진행되었다. 우선 왕권과 백성 간에 간격이 좁아져, 접근 불가능한 절대군주로서의 측면이 현저히 약화되었다. 이윽고 1880년대 후반부터는 절대군주의 위상 자체를

의문시하는 입헌군주에 대한 논의가 나타났다. 그런가 하면 쭐라롱
꼰 왕 이후 한편으로는 그 이전부터 진행되어 온 왕권의 백성에 대
한 접근이 지속되면서, 다른 한편으로는 강력한 왕권에 대한 강조와
국가의 중심에 왕이 있어야 한다는 생각이 나타났다. 이러한 생각은
한편으로는 관료사회가 타이 사회에서의 역할과 영향력이 갈수록
증대해지는 것에 대한 왕의 반응이었으며, 다른 한편으로는 1880년
대 후반부터 나타나는 입헌군주제 논의에 대한 위기의식이라고 볼
수 있다.

1. 강력해진 관료사회와 서구 가치관에 의한 왕권의 변화

짜끄리 왕조의 라마1세~라마5세 시기에 담마라자로서의 왕권과
백성 간 관계가 더욱 가까워지고, 상대적으로 왕권의 브라만교적 의
식의 의미가 퇴색되었다. 그러한 변화는 짜끄리 왕조 초기에 제정된
여러 법령들에서 엿볼 수 있다. 예컨대 라마2세(재위 1809-1824)는
왕의 행차 시 왕을 쳐다보는 사람들의 눈을 쏘는 것을 금했다. 라마3
세는 큰 북을 달아 왕에게 탄원을 올리고자 하는 자는 누구든지 와
서 칠 수 있도록 했다(Akin Rabibhadana 1969, 45, 51). 라마2세와 라
마3세의 이 두 조치의 배경과 동기에 대해서는 다음과 같은 추측이
가능하다. 여러 태국사 학자들이 지적하는 것처럼(Terwiel 1983,
100ff), 당시 관료사회가 왕국의 노동력인 프라이phrai, 즉 평민들에
대한 통제권을 왕권에 비해 더욱 많이 보유하고 있었던 상황에서 왕
들은 백성에 대한 왕권의 더욱 직접적인 관계를 회복하고자 했다고
볼 수 있다. 한편 라마2세 재위 시기부터 서양 국가들, 특히 영국과

프랑스 군주 복장의 몽꿋 왕. 서양의 영향이 강하게 밀어닥치기 시작한 19세기 중엽에 몽꿋은 태국 근대화의 토대를 닦은 국왕으로 평가된다.

미국과의 접촉이 더욱 빈번해졌으며, 이로 인해 국가 통치자와 국민 간 관계에 대한 서구적 가치관이 태국에서의 왕권-백성 관계 인식에 영향을 미쳤으리라고 추측할 수 있을 것이다. 그러나 이 추측은 구체적인 근거가 없기 때문에 현재로서는 학술적 논의의 대상이 될 수 없다.

왕권-백성 관계의 인식에 대한 서구적 가치관의 영향은 몽꿋 Mongkut, 즉 라마4세(재위 1851-1868) 시기부터 더욱 뚜렷이 나타나는 듯하다. 이 왕은 라마2세의 조치보다 한 걸음 더 나아가 왕의 행차 시 백성들이 집밖으로 나와 왕을 보고 왕에게 경의를 표하도록 했다. 그는 심지어 백성들에게 몸소 나아가 말을 걸고 그들의 형편을 묻기도 했으며, 궁궐 담에 세운 임시 건물로 매달 정기적으로 가서 가난한 사람들에게 구휼을 베풀었고, 백성들이 관료를 통하지 않고 왕에게 직접 탄원을 제출하도록 했다(Rosenberg 1980, 100-102; Akin Rabibhadana 1969, 44-46). 그는 또한 종래 관리들이 매년 두 번씩 왕에게 일방적으로 행하던 충성서약 의식을 왕 자신도 백성에 대한 성실을 약속하는 쌍무적인 구조의 의식으로 바꾸었다(Griswold 1961, 31-32).

몽꿋 왕 시기 왕권-백성 관계의 변화는 한편으로는 국왕이 라마2세와 라마3세 때와 마찬가지로 백성에 대한 적극적인 접근을 통해 관료사회에 대한 왕권의 위상을 강화하려는 의도에서 비롯된 것으로 해석될 수 있다(Akin Rabibhadana 1969, 51-52). 그 변화는 다른 한편으로는 몽꿋의 불교적 성향과 백성에 대한 그의 인도주의적 자세에서 그 원인을 찾을 수 있다. 그는 왕위에 오르기 전 20여 년 간 승려로서 불문에 몸담고 있는 동안 불교에 대한 깊은 지식을 축적했을 뿐만 아니라 백성들과 많은 직접적 접촉을 가졌다. 또한 그는 서양 선교사들로부터 영어와 라틴어와 서양 학문들을 배우는 등 서양인들과의 빈번하고 친밀한 교제로부터 적지 않은 영향을 받았을 것이다(Wyatt 1984, 175-177).

유럽과의 접촉으로 인한 왕권 개념에서의 변화는 몽꿋 왕에 이어 쫄라롱꼰 왕 시대에 더욱 분명하게 나타났다. 1872년 말에서 1873년 초 사이에 쫄라롱꼰은 섭정인 추앙 분낙Chuang Bunnag에게 백성들의 부역과 노예제도와 도박을 폐지하고 근대식 재판제도를 도입할 것을 제안했지만, 이 제안들은 당시에는 비현실적인 것으로 판단되어 거부되었다(Battye 1974, 137-138). 1873년 11월, 쫄라롱꼰은 만 20세가 되어 합법적인 국왕으로 등위하는 대관식에서 국왕과의 알현

1885년경의 쭐
라롱꼰 왕. 그는 왕관을 쓰
고 슬리퍼를 신고 보검을 앞
에 두고 앉아 있다. 이 세 가
지는 모두 왕권의 표상들이
다. 여기서 그는 태국의 전
통적인 절대군주로서의 모

시 부복하는 관행을 폐지한다는 파격적인 조치를 발표했다
(Damrong Rajanubhab 1926, 100). 이 조치는 그 후 거의 지켜지지 않
았고, 앞의 제안들도 실현되지 않았지만, 쭐라롱꼰 왕의 백성에 대한
국왕의 자세는 몽꿋의 것보다 백성에게 훨씬 더 가까이 다가간 것이
었으며 종래 태국 절대군주들의 인식과 비교해 볼 때 가히 혁명적인
것이었다.

쭐라롱꼰의 그러한 인식 변화의 배경에는 우선 그의 부왕으로부터
의 영향과 왕자 때부터 서양인 선생들에게서 받았던 교육과 그들과
의 접촉에 있었던 것으로 보인다. 보다 직접적인 원인으로는 그가
1871년 초에 영국 식민지인 싱가포르와 네덜란드 식민지인 자바를
방문하여 유럽 식민지 행정제도와 식민지배의 실용적인 성과들, 예

컨대 우체국과 전신국 그리고 근대적 학교와 병원, 철도 등을 견학할 기회를 가졌다는 점을 들 수 있다. 1871년 말부터 1872년 초까지는 미얀마와 인도를 여행하여 이와 비슷한 경험을 하였다(Wyatt 1969, 40-41). 쭐라롱꼰 왕 시기 국왕-백성 관계에 대한 인식에서의 변화는 분명히 그 이전 시기에 비해 태국과 서양 간 접촉과 타이 사회에 대한 서구 문물의 영향이 갈수록 증대된 것의 한 결과라고 해석할 수 있다. 쭐라롱꼰 왕 시기 절대군주로서의 태국 왕권 개념의 변화는 1880년대 중엽부터 등장하기 시작한 "입헌군주제" 논의에서 그 절정을 이룬다.

2. 내부로부터의 입헌군주제 논의

입헌군주제 논의는 아이러니컬하게도 쭐라롱꼰의 조카인 쁘릿사당Pritsadang과 왕의 동생들인 나렛 워라릿Naret Worarit, 핏타야랍 프룻티타다Phitthayalap Phruetthithada, 사왓디 왓타나위싯Sawatdi Watthanawisit 등 당시 절대군주제의 제도적 혜택을 누리고 있었던 왕족들에게서 나왔다. 런던과 파리에서 태국의 외교관으로 활동하고 있었던 이들은 식민지화의 위험에 처해 있었던 아시아의 당시 국제정치적 상황에서 태국의 독립 유지와 국가 근대화를 위한 광범위한 개혁 제안들을 담은 건의문을 1885년 1월 쭐라롱꼰 왕에게 보냈다(조흥국 1992-1993, 127-134).

개혁건의문의 작성자들은 태국이 식민지화되는 위험의 결정적인 이유를 일방적으로 국왕 개인에게만 의존되어 만약 국왕이 없으면 국가 행정이 혼란에 빠지고 국가의 안전이 위태롭게 될 수 있는 기존의 정부 형태에서 찾는다. 그들은 이 문제의 해결책으로 국왕이 국사를 혼자서 결정해야 하는 절대군주제를 "입헌군주제"로 바꾸고 국가의 실질적인 운영을 국민들에 의해 뽑혀 각 행정부처의 우두머리로 임명되는 장관들에게 맡길 것을 제안한다. 그들은 또한 모든 백성이 동일한 법을 준수할 수 있도록 법 체제가 정비되어야 하며, 백성들이 자신의 생각과 의견을 발표할 자유를 가져야 한다고 말한다.

1885년 개혁건의문은 태국 역사상 처음으로 전통적인 전제주의적 정부 형태에 의문을 제기했으며, 입헌군주제의 방향으로 정치 체제의 개혁을 제안했다는 점에서 이 글의 주제인 절대군주제 시대 태국에서의 왕권 개념의 변화와 관련하여 중대한 의미를 갖는다. 쭐라롱꼰 왕은 이 건의문에 대한 답신에서 국왕의 권력을 어떤 형태로든지 제한하는 것은 받아들일 수 없다고 말함으로써 건의문 작성자들이 제안한 "입헌군주제"로의 정부 형태 변경을 거부했다. 그는 그 거부의 이유로 무엇보다도 자신이 절대군주의 위치에서 처음부터 국가 근대화를 위해 노력해 오고 있다는 사실을 강조한다(Chulalongkorn 1975a, 76-77). 이 마지막 부분의 생각은, 뒤에서 다시 보게 될 것처럼, 20세기 전반 타이 민족주의가 형성되는 과정에서 국왕이 국가와 민족의 구심점으로서의 위상을 추구하게 되는 것과 관련하여 매우 중요한 의미를 갖는다.

19세기 말 타이 사회의 지배층에서 나오기 시작한 유럽 민주주의의 정치 체제에 대한 논의는 그 후 피지배층에서도 나타났다. 예컨대 세기 전환기에 활발한 저술 활동을 통해 태국의 근대화와 민주화를 주창한 평민 출신 티엔 완Thien Wan은 1895년에 발표한 한 에세

1897년 유럽 여행길에 나선 쭐라롱꼰 왕. 유럽 신사의 복장을 한 그의 모습에서 근대화를 지향하는 계몽군주의 이미지가 강하게 나타난다.

이에서 백성들의 언론자유를 옹호했다(Thein Wan 1975, 148). 그는 1906년에 쓴 또 다른 글에서는 "후어 나 랏사돈hua na rat-sadon", 즉 백성의 대표들로 구성된 의회의 설립을 요구하기도 했다. 그러나 그의 의회 설립 요구에는, 1885년 개혁건의문 작성자들의 "입헌군주제" 논의에서와 마찬가지로, 국민주권이나 삼권분립 등 서구 민주주의의 원칙들이 결여되어 있다(Rosenberg 1980, 97). 티엔 완의 요구는 그러한 제한적 성격임에도 불구하고 건의문과 마찬가지로 당시 절대군주적 태국 정부에서는 어떠한 반향도 불러일으키지 못했다.

입헌주의적 정부 형태에 대한 쭐라롱꼰 왕의 거부적인 자세는 그의 아들이자 왕위계승자인 와치라웃Vajiravudh, 즉 라마6세에게서도 계속 되었다. 와치라웃 왕은 1911년 행한 한 연설에서 국가 정책의 "결정권을 모든 자들로부터 인정받는 한 명의 지도자의 손에 통합해 두는 것은 사람들이 함께 더불어 사는 것의 기본적인 조건"이라고 말하면서 전제주의적 정치체제를 옹호했다(Rosenber 1978, 112-113). 그는 입헌주의에 대해서는 태국이 아직 이 제도를 수용할 만큼 정치적으로 성숙하지 못한 점을 들어 그것의 도입을 거부했다. 그러나 민주주의적 관념들이 타이 사회에 점차 퍼져 나가면서, 그의 재위 기간 태국의 절대군주적 정부는 역사상 처음으로 전복의 위협에 직면했다. 와치라웃의 등위 후 얼마 안 있어 일부 소장장교들 중 그의 국정 능력을 의심하고 전제주의적 정치체제가 시대에 뒤떨어진 것이라고 판단한 자들은 1912년 초에 쿠데타 계획을 세웠다. 국왕을 폐위하고 입헌군주를 세우는 것을 거사의 목표로 삼은 이 정부전복 음모는 사전에 발각되어 실패로 끝났지만, 이 사건으로 입헌주의에 대한 관심이 국가 조직 내부로까지 들어와 있었다는 것이 드러났다. 1912년의 입헌군주 음모는 그 주동자들 중 중국계 타이인들이 중심 역할을 했는데, 이들은 중국에서 왕정제를 종식시키고 공화국을 탄생시킨 1911년의 신해혁명으로부터 큰 영향을 받았다(Vella 1978, 53-60).

입헌군주제 이슈는 이제 사회에서 뿐만 아니라 국가 내부에서도 점차 확산되어 갔다. 이윽고 쁘라차티뽁Prachathipok, 즉 라마7세(재위 1925-1935)의 시대가 되자 사람들은 절대군주제가 언젠가는 반드시 입헌군주제로 바뀌게 될 것이라고 내다보았다. 그러한 상황에서 쁘라차티뽁 스스로 입헌군주제 이슈의 논의에 참가했다. 1926년에 그는 태국 외무부의 고문으로 있었던 미국인 프랜시스 사이어Francis B. Sayre에게 보낸 "시암의 문제"란 제목의 한 비망록에서 태국에 장차 국회가 세워지고 총리가 임명되며 의회 정부가 도입되어야 하는지 그리고 될 수 있는지에 대해 질문을 던진다. 그는 같은 비망록에서 의회체제의 도입은 태국의 형편으로는 아직 너무 이르다는 자신의 견해를 밝힌다(Batson 1984, 37-41, 138-147).

쁘라차티뿍은 당시 입헌군주 이슈에 많은 신경을 쓰고 있었던 것처럼 보인다. 그리하여 그는 1931년에 민주주의적 정치체제의 도입에 자신은 반대하지 않는다고 말했으며, 심지어 그 해 말에는 자신의 외무부 장관에게 1932년 4월에 거행될 짜끄리 왕조 150주년 기념식에 맞추어 발표될 수 있도록 헌법을 초안하도록 지시를 내리기까지 했다. 1932년 초에 작성된 헌법 초안은 총리의 임명, 반은 임명되고 반은 선출된 의원들로 구성되는 국회의 설립, 국회에 대한 내각의 책임 등을 핵심 내용으로 둔다. 이 헌법 초안은 궁정의 대신들과 왕자들의 대부분에게서 부정적인 반응을 사 결국 채택되지 못했다. 거기에는 또한 입헌군주제에 대한 쁘라차티뿍의 우유부단한 자세도 중요한 역할을 한 것으로 보인다(Batson 1984, 148-151).

한편 소장파 장교들과 공무원들 가운데 기존의 정부 형태를 입헌군주제로 개혁하는 것에 관심을 가진 자들이 함께 모여 하나의 그룹을 형성했다. 정부에 대해 불만을 품은 장교들과 공무원들의 수는 점차 늘어갔다. 특히 세계 대공황을 맞이한 정부가 1930년대 초에 국가의 재정 위기를 극복하려는 조치로 공무원들을 대량 해고하고 공무원들과 군인들의 월급을 대폭 삭감한데다가 세금까지 부과하자, 왕실 정부의 국가 운영에 대한 신뢰는 크게 떨어졌다. 1931년 말, 위의 정치 개혁 그룹에 몇 명의 고위 장교들이 가담하여, 이들은 함께 국가전복의 음모를 꾸몄다. 1932년 6월 쿠데타는 성공적으로 실행되었다. 쿠데타 주동자들은 쁘라차티뿍 왕에게 입헌군주제를 받아들일 것을 요구했으며, 왕은 마침내 양보하여 그 해 11월에 그들이 제시한 헌법 초안에 공식적으로 동의했다. 이로써 태국 왕조사의 초기부터 지속되어 왔던 절대군주로서의 왕권은 종식되었다(Batson

1984, 187-245).

Ⅳ. 맺음말

이 글에서 지금까지 살펴보았던 것처럼, 태국 왕권의 개념과 실제는 왕조사의 시작부터 1932년 입헌혁명에 이르기까지 여러 변화를 겪어 왔다. 성읍국가로 출발한 수코타이 왕국의 통치는 처음에는 가부장적 왕권이 가능했지만, 람캄행 왕 시대 통치 범위가 확대되면서 보다 보편적인 왕권 개념이 필요하게 되었고, 그것은 가부장적 왕권에 불교군주의 개념이 가미된 형태의 발전으로 나타났다. 불교적 왕권은 람캄행 왕 이후의 수코타이 시대부터 짜끄리 왕조 시대에 이르기까지 태국이 불교국가로 존재하는 한 태국 왕권의 바탕과 틀을 형성하게 된다.

늦어도 14세기 중엽부터는 불교적 왕권 개념과 함께 힌두교적 왕권 사상이 태국 왕들의 활동과 백성 및 관료사회와의 관계 속에서 확인된다. 이 힌두교적 왕권 개념은 태국의 왕국들이 캄보디아의 앙코르 왕국의 영향하에서나 앙코르 왕국과의 관계 속에서 도입된 것으로 보인다. 이 글에서 밝힌 것처럼 힌두교적 왕권, 특히 데바라자에 대한 종래의 논의에서 왕이 힌두교 신과 동일시되었다는 왕권의 신격화는 사실이 아니며, 데바라자 컬트는 어디까지나 왕권의 수호자인 힌두교 신에 대한 하나의 제사행위로 이해되어야 한다.

태국의 왕권 개념에서 가장 중요한 것은 불교적 왕권이며, 그것은 담마라자와 짜끄라바르띤이라는 두 가지 불교군주 개념으로 대표된다. 필자는 담마라자는 불교군주로서의 이상적인 왕권 차원에 속하는 개념인 데 비해, 짜끄라바르띤은 불교군주의 실제적 왕권 차원에서 이해되어야 한다고 본다. 태국의 왕권은 적어도 동남아의 다른 상좌부불교 국가들에서와 마찬가지로 역사적으로 이념적 측면과 실제적 측면 사이에 큰 괴리를 보여 준다. 이념적 측면은 국왕들의 국가 권력에 대한 주장과 관료사회 및 백성들의 왕권에 대한 기대의 바탕을 형성하는 것으로, 왕권과 관련된 법과 제도와 국가 의식 등을 이해하는 데 있어서 중요하다. 왕권의 실제적 측면은 태국 역사에서 일어난 유혈적인 내전과 무력적인 대외 전쟁 그리고 왕권을 둘러싼 왕과 왕족들과 관료들 간의 경쟁과 분쟁을 이해하는 데 중요한 바탕으로, 랏차탐을 준수하는 담마라자보다는 백성 위에 군림하는 절대군주와 무력적 및 패권주의적인 발라짜끄라바르띤의 왕권 개념과 연결된다.

근대 이전 태국 역사 전체를 두고 볼 때, 그것이 가부장적 왕권이건, 시바신의 은총을 바라는 힌두교적 왕권이건, 담마라자의 불교적 왕권이건, 이러한 이념적 왕권은 실제의 현실정치에서는 대부분의 경우 백성 위에 군림하는 절대군주의 형태나 그 활동 양상으로 나타났다. 그것은 한편으로는 권력을 강화하고 유지하려는 국왕의 관심이었으며, 다른 한편으로는 국왕과 함께 왕국의 통치엘리트 계층을 형성하는 관료사회의 이해관계의 표출이기도 했다. 그러한 절대군주로서의 왕권은 19세기 이후 점차 약화되어 국왕 ― 백성 관계가 근접하게 되었다. 이 변화의 가장 중요한 원인은 서양과의 접촉이 증가하면서 타이 사회에 대한 서양 문물의 영향이 갈수록 증대되었기 때문이다.

태국의 왕조사 초기부터 오늘날까지 왕권 개념의 변화에서 가장 중요한 분수령은 쭐라룽꼰 왕 시기라고 할 수 있을 것이다. 그것은 한편으로는 서양 제국주의의 위협이 가장 심각했고 동시에 서구 문물의 영향이 그 이전 시기에 비해 크게 증가한 쭐라롱꼰 재위기在位期에 입헌군주제에 관한 논의가 나타나기 시작했기 때문이다. 또한 다른 한편으로는 쭐라롱꼰이 왕권이 국가 근대화의 구심점에 있어야 한다고 생각한 최초의 태국 왕으로서 강력한 왕권의 수립을 중시했던 인물이었기 때문이다.

왕권 강화에 대한 그의 생각은 백성과의 관계에서가 아니라 관료사회와의 관계에서 이해되어야 한다. 왕권-백성 관계는 앞에서 보았듯이 적어도 짜끄리 왕조의 초기부터 명백한 흐름으로 나타나기 시작한 왕권의 백성에 대한 접근으로 특징지어진다고 볼 때, 백성에 대한 절대적 왕권의 강화는 시대적 흐름에 걸맞지 않은 그리고 현실적으로도 불가능한 것이었다. 관료사회에 대한 상대적 관계에서 추구되었던 쭐라롱꼰의 왕권 강화는 직접적인 역사적 배경의 차원에서는 그가 자신의 재위 초기에 왕권이 관료사회에 완전히 압도당해 있었던 상황에 대한 반응이었다. 그러나 쭐라롱꼰의 왕권 강화는 정치사적으로 볼 때는 오늘날 입헌군주제의 국가 체제에서도 국왕이 정부에 대해 영향력 있는 위상을 갖는 태국의 독특한 정치적 전통의 한 중요한 바탕을 형성하게 된다. 현재 태국의 정치와 사회에서 국왕의 역할을 이해하는 데 있어서 중요한 단서를 제공하는 이 점은 다음의 글에서 다루어진다.

2장

입헌군주제 시대 태국의 왕권

태국의 절대군주는 전통 왕국 시대 백성 위에 군림하면서 백성에게 경외의 대상이 되었으나, 19세기 서구와의 접촉이 증대되면서 점차 근대화 되어 국왕과 백성 간 관계가 가까워졌다. 한 걸음 더 나아가 민주주의적 사상의 유입에 따라 절대군주제에 대한 회의가 제기되기에 이르렀고, 이윽고 1932년 쿠데타를 통해 절대군주제가 입헌군주제가 바뀌었다. 이로써 태국의 국왕은 전통 왕국 시대 "짜오 치윗", 즉 백성들의 "생명의 주인"으로서 지녔던 절대적인 권력을 상실하고, 이제는 헌법에 의해 규정된 국가의 상징적인 수반으로서의 위상만 갖게 되었다.[1]

제2장은 19세기 말 이후 근대화와 민족주의의 시대에 있어서 그리

고 1932년 입헌군주제 도입 이후 태국 왕권의 성격과 역할에 대한 연구이다. 연구의 초점은 입헌군주제의 전환에도 불구하고 태국의 국왕이 어떠한 배경과 요인 때문에 오늘날 사회문화적으로 뿐만 아니라 정치적으로도 여전히 큰 영향력을 발휘하고 있는지를 조사하는 데 놓여 있다. 필자는 그 배경과 요인으로 다음의 두 가지 측면을 중시한다.

첫째는 19세기 말 이후 태국에서 나타나기 시작한 타이 민족주의가 국왕을 중심으로 일어났다는 점이다. 한편으로는 서양 열강들에 의한 식민지화의 위협으로부터 나라를 지키고, 다른 한편으로는 서구 열강들의 모델을 좇아 근대화를 이룩하려는 힘으로서 태동되고 전개된 타이 민족주의는 아시아의 다른 많은 나라들에서와는 달리 "위에서 밑으로" 발전했으며, 그 힘의 중앙에 국왕이 있었다. 종래 대부분의 연구들은 태국에서 타이 민족주의의 등장과 이것을 바탕으로 형성되기 시작한 근대적 국민국가 개념이 와치라웃 왕(재위 1910-1925) 시대부터 시작되었다고 말한다(Vella 1978: xiii). 그러나 필자는 타이 민족주의와 근대적 국가 개념이 쭐라롱꼰 왕(재위 1868-1910) 시대부터 시작되었다는 것을 밝힐 것이며, 나아가 그러한 태국 국가 개념의 형성에 있어서 국왕이 중심적인 역할을 했음을 입증할 것이다.

1) 1997년에 개정된 태국의 헌법에 국왕과 관련된 주요 조문들은 다음과 같다. "태국은 국왕을 국가의 수반으로 갖는 민주적 정부 형태를 취한다"(2조); "주권은 태국 국민에게 속한다. 국가의 수반인 국왕은 권력을 헌법상 규정된 바에 따라 국회와 내각과 사법부를 통해 행사한다"(3조); "모든 사람은 국가와 종교들과 국왕과 이 헌법하에서 국가의 수반으로 있는 국왕을 가진 민주적 정부를 보호 · 유지할 의무가 있다"(66조) (Rattha Thammanun 1997).

필자는 앞에서도 밝혔듯이 태국의 왕권 개념 변화의 역사에서 가장 큰 분수령은 쭐라롱꼰 시대라고 생각한다. 그것은 19세기 후반~20세기 초 사이의 이 시기 서양으로부터의 영향에 의해 국왕과 백성 간 관계가 크게 가까워졌고 입헌군주제에 대한 논의가 나타나기 시작했을 뿐만 아니라, 국왕이 근대적 국민국가의 구심점이 되어야 한다는 인식이 형성되기 시작했기 때문이다. 특히 마지막의 것은 쭐라롱꼰과 그의 아들이자 후계자인 와치라웃에 의해 능동적으로 취해진 인식으로, 그 후 오늘날까지 태국의 국가 개념과 왕권 간 관계의 성격이 형성되는 데 있어서 중요하다.

둘째는 태국의 현재 국왕인 푸미폰, 즉 라마9세(재위 1946년 이후)의 영향에 대한 원인을 분석하는 것으로, 첫 번째가 보다 이념적인 측면에 대한 조사라면, 두 번째는 보다 실제적인 배경에 대한 조사라고 말할 수 있다. 여기서 필자는 1950년대부터 푸미폰이 사회적으로 활발한 활동을 전개하기 시작하고, 특히 1970년대부터는 정치적으로도 적지 않은 영향력을 발휘하는 것에 대한 배경과 요인을 살펴보고자 한다. 구체적으로는 사릿Sarit 정권이 어떠한 동기로 푸미폰에게 국가의 구심점으로서의 전통적 위상을 회복시켜 주었는지, 그리고 이렇게 주어진 국가의 구심점으로서의 역할을 푸미폰 스스로 어떻게 받아들이고 행사했는지 등에 대한 분석에 조사의 초점을 둘 것이다.

이 장에서는 오늘날 태국 국가를 떠받치고 있는 세 개의 이념적 요소, 즉 국왕과 불교와 민족 중 국왕을 다루는 것이다. 국왕과 더불어 불교는 전통 왕국 시대 "불교적 왕권" 개념으로 결합되어, 왕권의 성격과 기능의 형성에 있어서 핵심적인 역할을 했으며, 19세기 말 이후 근대적 국민국가 개념의 발전에 있어서도 한 중요한 부분을 차지한다. 바로 이 점이 태국 국가 개념의 독특한 측면이다. 이로써 위의 세 요소 중 불교와 결합된 '국왕' 요소가 얼마나 중요한 것인지는 자명해진다. 그리고 그러한 국왕에 대한 연구가 현대 태국의 국가에 대한 이해를 위해 얼마나 중요한지도 드러난다.

필자는 이 연구를 통해 19세기 말부터 오늘날까지 태국 왕권의 성격과 역할이 어떻게 변화했는지 그리고 어떻게 지속되고 있는지를 보여주며, 타이 사회에서 오늘날 입헌군주가 어떤 위상을 갖는지 그리고 그 사회·문화적 및 정치적 영향의 배경이 무엇인지를 밝히려고 한다. 이러한 연구는 불교와 결합된 왕권이 핵심적인 요소를 이루는 태국 국민들의 국가 정체성 의식을 이해하는 데 중요한 단서를 제공할 것으로 기대된다.

Ⅰ. 근대화와 민족주의 형성에 있어서 왕권의 역할

영어의 "nation" 즉 "민족" 혹은 "국가"에 해당하는 타이어로는 일반적으로 "찻chat"이 사용된다. 이 단어의 어원인 산스크리트 혹은 팔리어 "자띠jāti"는 "출생", "가문", "종족" 등을 뜻한다. "찻"이 태국에서 근대적 국민국가의 "국가" 및 "민족" 개념으로 사용되기 시작한 것은 타이인들이 서양 열강들에 의한 식민지화의 위협 속에서 태국이라는 "국가"의 존재와 그 주권과 그것의 수호를 위한 민족 단결에 대해 심각하고 진지하게 고민하기 시작한 19세기 말부터인 것으로 보인다.

그러한 예는 영국과 프랑스에서 태국의 외교관으로 활동하고 있었던 태국 왕실의 왕자들이 1885년 1월에 당시 태국 국왕이던 쫄라롱꼰에게 보낸 개혁건의문에서 나타난다.

1. 왕자들의 개혁건의문과 입헌군주제

개혁건의문의 서두에서 저자들은 "폐하에 대한 감사와 수백 년 간 타이인들에게 속한 국가에 대한 사랑의 힘은 저희들로 하여금 폐하의 은덕에 대한 보답으로 몸과 마음을 다해 국사를 수행하게 합니다"라고 쓴다(Pritsadang et al. 1975: 47). 여기서 "국가"에 해당하는 타이어 용어는 "찻 반 므엉chat ban muang"으로, '반 므엉'은 "국가"를 뜻한다.

개혁건의문은 태국이라는 국가가 문명화되고 근대화를 이루고 독립을 유지할 수 있기 위한 여러 방책을 담고 있다. 방책의 핵심은 현재의 정부형태인 절대군주제를 입헌군주제로 바꾸자는 것이다. 해당 방책의 원문을 번역하면 다음과 같다.

폐하께서 모든 국사를 혼자서 결정해야 하는, 영국인들이 "절대군주제"라고 부르는 현재의 제도를 "입헌군주제"라고 불리는 것으로 변경해야 합니다. 이 제도에서는 국왕은 나라의 수반으로서 장관들에 대해 절대적인 결정권과 명령권을 보유하지만, 유럽의 모든 (입헌)군주들과 마찬가지로 국사의 모든 것에 몸소 신경 쓸 필요는 없을 것입니다(Pritsadang et al. 1975: 60).

64

개혁건의문의 저자들은 이 제안에 앞서 국가의 근대화를 위한 바탕으로서 헌법의 중요성에 대해 이야기한다. 그들의 판단에 따르면, "오늘날 시암에 있는 것과 같은 (국가) 보호 및 유지 방식은 유럽의 것과 정반대이다. (시암은) '헌법'("콘사띠띠우찬khonsatitiuchan". 영어의 'constitution'을 타이어로 읽은 것.)이라고 불리는 규범과 법이 없다. '헌법'이라는 것은 단결된 백성의 이성理性과 힘으로써 이루어지는 것으로, 보편적인 정의正義를 갖는 것으로 간주된다." 개혁건의문의 저자들은 이어서 쭐라롱꼰 왕에게 태국이 유럽의 모델을 따른 헌법을 제정할 것을 제안한다(Pritsadang et al. 1975: 59). 필자의 조사에 의하면, 그들은 "백성" 즉 국민 전체의 의사를 반영하는 헌법에 기초한 근대적 "국가" 개념에 대해 논의한 최초의 타이인들이다.

그러나 이처럼 개혁건의문의 저자들이 비록 "헌법"을 거론하고 절대군주제에서 입헌군주제로의 변경을 제의하지만, 그것은 서구에서 당시 생각하고 있었던 의회민주주의 체제의 입헌군주제와는 거리가 먼 것이었다. 이 점은 그들이 위의 인용에서 본 것처럼 입헌군주제가 도입되더라도 국왕이 국가의 "수반"("마하 쁘라탄maha prathan". '마하'는 "대大"를 뜻하며, '쁘라탄'은 "한 무리의 대표나 우두머리"를 가리킨다.)으로서 장관들에 대해 절대적인 권한을 지닌 존재라는 것을 강조한 것이라든지, 건의문의 다른 부분에서 "신하들이 폐하께 유럽식 헌법에 대해 말했지만, 이로써 지금 '의회'("빨리멘palimen". 영어의 'parliament'를 타이어로 읽은 것.)를 도입하는 것을 바라는 것은 아닙니다"(Pritsadang et al. 1975: 60)라고 말한 것에서 엿볼 수 있다.

그럼에도 불구하고 개혁건의문의 저자들은 다음의 인용에서 볼 수 있는 것처럼 국가의 운영을 행정을 실질적으로 담당하는 장관들에게 일임해야 한다는 등 국가행정의 일대 혁신을 주장한다.

　　국가의 보호 및 유지의 모든 일은 폐하께서 내각("카비넷khabinet". 영어
의 'cabinet'을 타이어로 읽은 것.)의 멤버로 세운 장관들의 생각과 결정에
의해 이루어져야 합니다. [다만] 그들은 모든 국사를 처리함에 있어서 폐하
로부터 사전 허락을 받아야 할 겁니다. 이 관리들은 각 관청, 즉 행정부처
("디빳멘dipatmen". 영어의 'department'를 타이어로 읽은 것.)의 우두머리
로서 결정권과 명령권을 가지며 자신의 행정부처에 대한 책임을 지게 됩
니다. 행정부처 관할의 업무는 그것이 실행될 수 있는 것이면 행정부처가
마치 폐하께서 더 이상 신경 쓸 필요가 없는 기계처럼 스스로 처리할 수
있어야 할 겁니다(Pritsadang et al. 1975: 60).

여기서 유럽의 정치사상에 상당한 영향을 받은 개혁건의문의 저자
들은 국사 운영에 있어서 국왕의 권력을 어느 정도 제한하고 있다.
개혁건의문의 이러한 측면 때문에 그들은 쫄라롱꼰 왕의 노여움을
샀으며, 특히 개혁건의문 작성의 주동 인물들은 곧 본국으로 소환되
었다(조흥국 1992-93: 151).

2. 쫄라롱꼰 왕의 근대화

쫄라롱꼰은 위의 개혁건의문에 대한 1885년 4월 29일자 답신에서
왕의 권력을 어떠한 형태로든지 제한하는 것을 반대했다. 그는 입헌
군주제로의 변경에 대한 제안을 거부하면서, 그에 대한 이유로 무엇
보다도 태국의 존립에 대한 서구 식민열강들의 위협이 계속되고 있

다는 점과 자신이 절대군주로서 이미 국가의 근대화를 위해 노력하고 있다는 점을 강조한다. 전자의 이유와 관련하여 그는 아마 식민지화의 위협에 직면한 상황에서 국가가 강력한 리더십을 요구한다고 말하고 있는 듯하다. 그는 자신이 결코 국가의 안전과 발전에 장애가 되는 존재가 아니며, 오히려 등위 이후 나라를 위해 최선의 노력을 기울여 왔다고 주장한다(Chulalongkorn 1975a: 76-77).

절대군주가 국가 발전의 중심에 있어야 한다는 그의 이러한 생각은 1888년 3월 8일에 쓴 그의 다른 글에서 더욱 분명하게 나타난다. 이 해에 발표한 정부개혁안의 배경 및 동기에 대한 설명의 차원에서 쓴 이 글에서 그는 다음과 같이 말한다.

시암의 국왕의 권력은 어떠한 법에서도 규정되어 있지 않다. 그 이유는 짐이 보기에는 (국왕의 권력을) 제한 및 방해하는 누구도 또한 어떠한 것도 없기 때문이다. 그러나 실제상으로는 국왕은 무슨 행동을 하든지 간에, 그것은 적절한 것이어야 하며 정의로운 것이어야만 한다. 그 때문에 짐은 (시암이 국왕의 권력을 규정하는) 법을 갖고 있는 다른 나라들과 마찬가지로 국왕의 권력을 규정하는 법을 갖게 되는 것에 반대하지는 않는다. …… 그러나 어떻게 규정하느냐 하는 것이 관건이다. 유럽 국가들의 국왕의 경우, 백성의 불만으로 일어난 국내 사건들 때문에 국왕의 권력이 제한되었다. …… 시암의 경우, 다른 나라들에서처럼 백성이 그 국왕으로 하여금 마지못해 행동하도록 요구하는 것과 같은 사건이 아직은 일어나지 않았다. 그것은 이 나라에서 국왕은 (유럽 국가들과는) 정반대로 국가의 번영과 백성 전체의 행복이 되는 것이면, 그것을 응당 행해야 된다고 생각해 왔기 때문이다. 그리고 시암과 같은 국가를 통치하는 것을 유럽 국가들의 국왕들의 예를 따라 하는 것은 불가능할 뿐만 아니라 백성이 좋아하지도 않을 것이다. 만약 의회를 두려고 해도, 국회의원이 될 능력이 있는 자가 많지 않을 것이다. …… 백성들은 국회의원("멤버 옵 빨리멘memboe op palimen". 영어의 'member of parliament'를 타이어로 읽은 것.)이 될 자들보다 국왕에게 더욱 큰 신뢰를 둔다. 그것은 그들이 볼 때 국왕이 정의에 거하고 다른 모든 사람들보다 정말로 백성들로 하여금 평안과 행복을 누리도록 보호하고 사랑하기 때문이다(Chulalongkorn 1927: 62-63).

여기서 쫄라롱꼰은 태국 국왕의 절대군주로서의 위상에 대해 결코 왕의 모종의 "신성神性" 및 "신격화神格化"와 연결시켜 이야기하지 않는다. 이 점은 필자가 이 글의 앞부분에서 밝힌 바, 태국 왕권이 실제적 차원에서 백성들뿐만 아니라 국왕 자신에 의해서도 신성시되지 않았다는 것을 입증하는 또 다른 근거로 볼 수 있다.

위의 인용에 나타나는 쫄라롱꼰의 생각에 따르면, 그는 태국에서 절대군주제를 폐지할 수 없는 원인으로 국왕들이 그동안 국가를 성공적으로 운영해 왔으며, 그러한 국왕들에 대해 백성이 큰 신뢰를 갖고 있는 태국의 특수성을 강조한다. 태국의 역사적 및 정치문화적 특수성 때문에 절대군주제가 당연하다는 사고는 당대 태국의 한 고위 관료에게서도 엿볼 수 있다. 쫄라롱꼰 정부의 장관이었던 프라야 팟사꼬라윙Phraya Phatsakorawong은 왕족과 고위 관료들로 구성된 와치라얀 협회의 회보인 『와치라얀 위셋Vajirayan Viset』에 1889년 발표한 글에서 다음과 같이 말한다.

왕국의 모든 토지는 오로지 국왕에게 속하는 것으로 이해된다. 국왕은

쫄라롱꼰 왕의 동상. 19세기의 유럽 군주와 같은 복장을 한 그의 모습에는 태국을 식민지화의 위협으로부터 지키고 근대화를 성공적으로 이끈 이미지와 더불어 강력한 왕권을 중시하는 절대군주로서의 이미지가 복합적으로 나타나 있다.

왕실 관습을 지키는데, 이 관습은 한 국가("찻")를 형성한 우리 조상들이 세워놓은 것이다. 이들은 한 가문에서 국가의 지도자가 될 능력 있는 자를 뽑았다. 이 자는 매우 능력 있고 영리하여 사람들이 자신들의 보호자로 의지할 수 있는 자였다. 이 선택된 지도자는 (나라의) 내적인 그리고 외적인 안전을 지키고 백성에게 행복을 가져 왔다. 이것은 다수의 의견에 의해서가 아니라 지도자 자신의 권위에 의해서 일어난 것이다(Murashima 1988: 86에서 재인용).

영국에 가서 유학을 하고 귀국 후 쫄라롱꼰의 충성스러운 관료로

활동한 팟사꼬라윙은 태국은 "조상들"이 세운 관습이 있는 나라이
며, 그 관습을 지키는 국왕은 백성에 의해 선택된 지도자라는 점에서
서양과는 다른 역사적 전통을 가진 나라라는 것을 강조하고 있는 듯
하다. 태국의 국왕이 백성들에 의해 선택된 존재라는 생각은 이상적
인 불교 군주상에 대한 태국의 전통적인 인식에 속한다. 태국의 옛
법전인 『꼿마이뜨라삼두엉』의 프라 탐마삿에 따르면, 인류 최초의
왕은 사람들 사이의 분쟁을 중재하는 자로 "선출된"(팔리어로 sam-
mata) 자였는데, 이 자를 타이어로 "마하 솜뭇티랏Maha Sommutirat:
maha + sammata + raja", 즉 "선출된 대왕大王"이라고 불렀다. 이
"선출된" 왕은 불교의 가르침에 따라 나라를 통치하는 의무를 가진
자로 인식되었다(Ishii 1986: 150-151). 팟사꼬라윙은 나아가서 태국
이라는 하나의 "국가"가 국왕을 중심으로 형성된다는 것을 역설하
는데, 이것은 위에서 본 쭐라롱꼰의 생각과 동일한 맥락 위에 있는
것으로 보인다.

쭐라롱꼰은 위의 인용에서 특히 "정의에 거하는" 국왕의 역할을
누차 강조하는데, 여기서 "정의"로 번역된 "유띠탐yuttitham"은 "불
교적 가르침에 합당한 공의"로 이해될 수 있는 것으로, 이것은 그가
태국 국왕의 불교군주로서의 전통적인 역할을 강하게 인식하고 있
었다는 것으로 해석된다. 국가의 존립에 있어서 국왕과 불교의 요소
들을 중시하는 쭐라롱꼰의 이러한 생각은 1893년 루엉 랏따나 야띠
Luang Ratana Yati라는 이름의 귀족관료에게서도 나타났다. 영국에
서 법학을 공부한 그는 자신이 발행하는 『탐마삿 위닛차이
Thammasat Winitchai』("법학 연구"를 뜻한다.)라는 주간신문의 1893년
4월 23일자 사설에서 당시 프랑스의 군사적 위협에 직면해 있었던

태국의 국민들에게 다음과 같이 호소한다.

> 국가(찻 반므엉chat banmuang)를 사랑하는 모든 태국인(콘 찻 타이khon chat thai)들로서는 침략하는 적에 대항하여 왕국을 지키기 위해 최후의 노력을 경주하는 것은 의무일 것이다. …… 나는 태국(찻 타이chat thai)에 태어난 남자들은 항복하여 다른 국가의 노예가 되려고 하지 않으리라고 믿는다. …… 우리는 국왕의 은혜에 보답하기 위해 단결하여 적과 싸워야 한다. 우리는 불교가 불경스러운 자들에 의해 짓밟히지 않도록 수호해야 한다. 우리는 우리의 조국을 적의 침략으로부터 방어해야 하며, 태국의 자유와 독립을 보존해야 한다(Murashima 1988: 87-88에서 재인용).

이 글에서 랏따나 야띠는 태국 국민들이 나라를 수호해야 할 이유로 국왕에 대한 충성심과 불교에 대한 존중과 국가에 대한 애국심을 든다. 국왕과 불교와 국가는 뒤에 쭐라롱꼰의 후계자인 와치라웃 왕의 시대부터 타이 민족주의와 태국의 정체성의 세 핵심요소로서 본격적으로 거론된다. 여기서 나는, 비록 구체적인 증거는 없지만, 19세기 말 태국의 엘리트 사회의 일각에서 국왕과 불교와 국가의 세 요소로 구성된 태국 정체성에 대한 인식이 서서히 태동되기 시작한 것으로 볼 수 있을 가능성을 열어두고자 한다.[2]

2) 거얼링은 "국가, 종교, 국왕"의 애국주의적 슬로건이 와치라웃 왕에 의해 처음으로 만들어졌다고 쓴다(Girling 1981: 139). 레이놀즈는 태국에서 불교를 시민 종교civic religion로, 즉 국가 정체성 확립을 위한 하나의 민족 종교로 삼으려는 노력이 와치라웃 왕 시대부터 시작되었다고 말한다(Reynolds 1978: 135), 이러한 관찰들은 위에서 서술한 바 쭐라롱꼰 시대에 나타난 생각, 특히 랏따나 야띠와 같은 자의 국가관을 간과했기 때문이다.

위에서 보았던 쭐라롱꼰의 절대군주제 옹호는 그가 1903년에 쓴 다른 글에서 "태국의 내적인 일치단결은 옛날부터 내려오는 정부형태인 군주 혼자서의 통치가 고수될 때만 이루어질 수 있다"라고 말하는 것에서도 나타난다(Chulalongkorn 1975b: 163, 167-168). 국민의 단결에 대한 태국 국왕의 이러한 생각은 개혁건의문의 것과 다르다. 개혁건의문에서는 "단결"은 헌법에 기초한 근대적 국가가 성립하기 위한 전제조건으로 제시되어 있는 데 반해, 쭐라롱꼰은 "단결"을 절대군주에 대한 백성의 충성과 국왕 중심의 국가 운영의 결과로 간주한다.

이상 살펴본 바와 같이 쭐라롱꼰의 근대적 국가 형성에 대한 태도는 개혁건의문 저자들의 것과 비교해볼 때, 국가를 서구의 위협으로부터 보호하고 나라를 서구의 모델에 따라 근대화시킨다는 그 취지에서는 공통적이다. 그러나 그 방식에 있어서는 근본적인 차이가 있었다. 즉 쭐라롱꼰은 근대적 국가 형성을 입헌군주제와 같은 서구식 정치제도의 토대 위에서 추진하는 것이 아니라, 태국의 전통적인 절대군주제에서 하는 것을 원칙으로 생각하고 있었던 것이다. 그는 그 이유로 태국의 역사적 및 사회문화적 특수성을 드는데, 그 특수성은 불교적 왕권의 전통으로 함축될 수 있을 것이다. 불교적 왕권의 전통은 한편으로는 백성이 왕을 정의로운 군주로, 즉 불법佛法에 따라 나라를 다스리는 왕으로 보는 신뢰감으로, 다른 한편으로는 왕이 백성에 대해 도덕적 책임의식을 갖는 것으로 특징지어진다.

전통적인 절대군주제의 바탕 위에서 국가의 근대화를 추진하려던 쭐라롱꼰은 이를 위해 왕권의 강화를 더욱 중시했다. 그의 왕권 강화는 여러 양상으로 나타났다. 그는 예컨대 19세기 초부터 태국 정부의 주요 관직을 독점하고 심지어 왕위계승까지도 좌지우지했던 분낙Bunnag 가문과 같은 세도가문의 세력을 약화시켰고, 왕국 주변부에서 전통적으로 반독립적인 지위를 누려오던 지방 토호세력들을 중앙 정부의 행정체제에 편입시켰으며, 불교계를 중앙 정부의 제도적 통제하에 넣었다. 또한 1892년에 단행한 행정 개혁으로 신설 및 개편된 행정부처의 장관직에 자신이 신뢰하는 동생들을 비롯한 왕자들을 대거 임명했다(Cho Hung-Guk 1988: 108-111). 귀족관료의 세력을 약화시키고, 그 대신 국왕의 행정권을 강화시킨 이 조치는 1932년 절대군주제가 종식될 때까지 태국 왕실정부의 기본적인 인사정책이 되었다.

쭐라롱꼰은 1894년에는 핏사눌록Phitsanulok 지방의 귀족관료들이 자신들의 관리하에 주어져 있는 프라이, 즉 평민들의 노동력을 개인적인 목적을 위해 사용할 수 있는 전통적인 권리를 박탈해버렸다.[3] 이 조치는 그 후 다른 지방으로 점차 확대되었으며, 1902년에는 프라이들이 자신들의 주인을 위해 사적인 봉사를 하는 것이 전면 금지되었다. 쭐라롱꼰은 이처럼 프라이들을 귀족관료들의 손으로부터 해방시킴으로써 1905년에 태국 역사상 처음으로 의무병역제를 도입할 수 있었다. 이로써 그는 그 이전까지 귀족관료 후견인의 "소유

---

3) 태국의 전통적인 부역제도에 따라 매년 국왕을 위해 3개월씩 군인이나 부역 노동자로 봉사하는 의무가 있었던 왕국의 모든 프라이들은 그 행정적 편의를 위해 여러 민사 및 군사적 관청에 분배되어, 해당 관청의 관리들의 관할하에 놓여져 있었다. 프라이들이 한 해의 부역으로부터 면제되기 위해서는 상당한 액수의 돈을 정부에 지불해야 했는데, 그 수납의 일도 해당 관청이 맡아서 했다. 이러한 프라이 관할권은 전통 왕국 시대 태국의 관료사회에게는 큰 경제적 이해관계가 걸린 문제였다(Cho Hung-Guk 1988: 115).

물”로 간주되어 왔던 태국의 평민들의 충성을 국왕이 그 구심점에 있는 국가로 끌어올 수 있게 되었던 것이다. 이 점은 20세기 태국의 역사에서 국왕과 국민 간 관계의 성격의 변화와 관련하여 큰 의미를 갖는 것으로 해석된다(Rosenberg 1980: 23).

3. 삼색 국기에 담긴 민족주의

쭐라롱꼰에게서 처음으로 나타난 바, 태국에서 근대적 국민국가 개념의 “국가”에서 왕권이 그 국가의 중심이자 정점이고 국민의 구심점이 되어야 한다는 생각은 와치라웃 왕에게서도 지속되었다. 와치라웃은 태국 역사에서 민족주의를 본격적으로 추진하여 이를 제도적, 공식적 차원으로 발전시킨 국왕으로 평가된다. 그는 태국이라는 근대적 국민국가가 타이 민족을 중심으로 그리고 국왕을 구심점으로 건설되어야 한다고 보았다. 그의 이러한 생각은 부분적으로는 등위 이전 1893년부터 1902년까지 9년간 영국에서의 유학 시절 유럽에서의 민족주의적 사상으로부터 받은 영향에 기인하며, 부분적으로는 그의 부친 쭐라롱꼰과 위에서 보았던 당대 귀족관료들의 인식을 답습한 것으로 보인다.

와치라웃은 이미 왕자 시절에 태국에 바람직한 정부 형태와 왕권의 성격에 대한 자신의 입장이 어떠한지를 보여주었다. 그는 자신이 주축이 된 타위빤야Thawipanya(“지혜의 증대”라는 뜻.) 클럽이 발행하는 『타위빤야』라는 월간지에 1905년에 발표한 글에서 태국의 특수한 역사 및 문화적 배경을 강조하면서 그러한 태국에 의회를 도입하는 것에 대해 반대했는데, 이것은 모두 그의 부친에게서도 확인된

바이다(Murashima 1988: 90-91).

와치라웃은 등위 직후 1911년 5월에 "스어 빠Sua Pa"('스어 빠'는 영어로 대개 "Wild Tiger"로 번역된다. 필자는 이를 "맹호단猛虎團"으로 번역한 바 있지만, 이 글에서는 '스어 빠'가 고유명사이므로 그대로 표기하기로 한다.)라고 불리는 자신의 "홍위병" 조직을 창설했다. 유럽의 보이스카우트를 모방하여 태국의 전국에서 청년들을 뽑아 만든 이 부대를 통해 그는 자신이 품고 있던 정치적 이상을 실험하고 확산하는 도구로 사용했다. 그는 1911년 12월 3일 정식 대관식을 치르는 자리에서 스어 빠를 창설한 목적을 다음과 같이 밝혔다.

> 이 전국적 기구의 목적은 우리 민족의 가슴 속에 국가의 정치적 독립을 정의와 공평으로 통제하고 유지하는 국왕에 대한 사랑과 충성심을, 조국인 국가와 우리의 종교와 그리고 무엇보다도 국가적 단결과 상호 우정의 개발에 대한 헌신을 심어주고자 하는 것이다. 이러한 자질들은 우리의 국가적 존립이 의지할 가장 튼튼한 토대를 만들 것이며 "자유의 국가"라는 그 국명[4]에 대한 기대를 저버리지 않을 것이다(Vella 1978: 33).

여기서 와치라웃은 태국 국민이 국왕과 불교와 국가에 대해 충성심을 가져야 한다는 것, 그리고 이 세 요소의 바탕 위에서 태국이라

---

4) '타이Thai'는 태국에서 흔히 "자유" 혹은 "자유로운"의 뜻을 가진 것으로 이해되어 왔다. 그리하여 태국Thailand을 "자유의 나라" 혹은 "자유를 사랑하는 나라" 등으로 설명한다. 그러나 '타이'의 의미가 무엇인지는 아직도 명확히 밝혀지지는 않았지만, 최근의 한 연구에 따르면, 그것은 단순히 '사람'을 가리키는 용어로, 타이인들이 스스로를 그렇게 불렀다고 한다(Titima and Uri 1997: 23-24).

는 국가가 서 있을 수 있다는 것을 강조한다. 스어 빠의 주 기능은 한 마디로 국가와 불교와 국왕을 지키고 국민의 단결을 고취하는 것이 었다. 세 요소에 대한 그의 중시는 그가 제정한 적·백·청 삼색으로 된 태국 국기에서도 엿볼 수 있다. 그는 국기의 세 가지 색의 상징에 대해 자신이 쓴 한 편의 시에서 다음과 같이 설명한다.

> 세 가지 색깔의 뒤에 놓여져 있는
>
> 의미에 대해 말하리라.
>
> 흰 색은 순수를 위한 것으로 삼보三寶[5]와
>
> 타이인들의 마음을 보호하는 법을 나타낸다.
>
> 붉은 색은 우리들의 피를 가리키는 것으로, 이 피는 우리들이
>
> 우리의 국가와 신앙을 지키기 위해 기꺼이 희생한다.
>
> 파란 색은 백성의 지도자의 아름다운 색조로서
>
> 그 지도자 때문에 사람들이 그것을 좋아한다.[6]
>
> 세 색깔은 줄무늬로 정렬되어
>
> 우리 타이인들이 좋아하는 국기를 이룬다.
>
> 우리의 군인들이 승리를 위해 이것을 지니고 가서
>
> 시암의 명예를 드높여라(Vella 1978: 140).

5) 불교의 불·법·승 즉 붓다와 가르침과 상가 등 불교의 세 요소를 일컫는다.
6) 예부터 내려오는 태국의 관습에 의하면, 각각의 요일은 나름대로의 색으로 대표된다. 일요일은 빨간색, 월요일은 노란색, 화요일은 핑크색, 수요일은 초록색, 목요일은 오렌지색, 금요일은 파란색, 토요일은 자주색. 와치라웃 왕은 비록 실제로는 토요일에 태어났지만, 금요일을 자신이 태어난 요일로 간주하여, 자신의 색을 파란색으로 정했다(Vella 1978: 302).

태국의 국회의사당 광장에 서 있는 쭐라롱꼰 왕의 동상. 그의 생일인 화요일 밤에는 매주 많은 사람들이 이 동상 앞에 와서 그에게 참배를 올리고 기도를 드린다. 사진은 방콕 인근의 한 대학교 졸업생들이 졸업기념 사진을 쭐라롱꼰 왕의 동상을 배경으로 찍는 모습으로, 이 왕이 태국 국민들에게 있어서 얼마나 인기가 높은지를 단적으로 보여준다.

이 시에서 엿볼 수 있는 것처럼, 적 · 백 · 청은 각각 국가 · 불교 · 국왕을 의미한다. 특히 국가의 구심점으로서의 국왕을 그가 얼마나 소중히 여기고 있었는지는 자신의 부친인 쭐라롱꼰 왕의 서거일인 10월 23일과 짜끄리 왕조(1782-현재)가 시작된 4월 6일을 태국 역사상 최초의 국경일로 정했다는 사실에서도 드러난다(Wyatt 1984: 225-228).

국왕과 불교와 국가의 의미와 상호 관계에 대한 와치라웃 자신의 보다 상세한 설명은 그가 1911년 5월 말부터 7월 초 사이에 스어 빠를 대상으로 행한 일련의 연설에서 찾을 수 있다. 우선 국왕과 국민 및 국가 간 관계에 대한 그의 생각을 살펴본다.

혈연적으로 친척 관계에 있는 인간들은 대개 모여 스스로를 유지하고 보호하기 위해 하나의 공동체를 이루었다. 그러나 공동체의 구성원들이 아무리 서로 친척들이라도, 각각의 구성원이 자기 멋대로 행동한다면 그들은 외부로부터의 위협에 저항할 수 없었을 것이다. 비상시국에 모든 구성원들을 하나로 뭉치기 위해서는, 한 사람에게 명령의 역할을 맡기고 다른 사람들은 그를 따르도록 하는 것 외에는 다른 방도가 없었을 것이다. 또한 구성원들의 의견이 분열되었을 때, 내부의 평화를 유지하기 위해 확고한 결정을 내릴 수 있는 재판관이 있는 것이 필요했을 것이다. 외부로부터의 위협에 대한 지휘관과 내부의 평화 유지를 위한 재판관은 대개 공동체에서 나이가 들었고 경험이 풍부한 자였으며, 이러한 자에게 공동체의 모든 구성원들의 주권이 맡겨졌다. …… 나중에 공동체의 평생직 지도자를 선출하는 관습이 도입되었다. 이 유형의 지도자는 "국왕"으로 불리게 되었다. 그에게 공동체의 주권이 위임되었으며, 그는 이것을 공동체 전체의 이해관계와 행복을 위해 행사했다. 따라서 국왕을 존경하는 것은 곧 공동체의 주권을 존중하는 것과 마찬가지이다. …… 우리는 무엇인가가 우리에게 존귀함을 준다는 것을 안다면, 그것을 보존하고 간직하기 위해 최상의 노력을 기울인다. 국왕이 국가에게 존엄을 갖다 주기 때문에 그는 또한 국가의 구성원 모두에게도 존엄을 준다. 그러므로 국왕을 지키기 위해 최선을 다하는 것은 국가의 모든 구성원들의 의무이다. 국왕에게 해코지를 하려는 자는 국가에게 해를 끼치고 나라의 존엄성을 파괴하고 공동체의 평화와 행복을 깨트리는 자로 간주되어야 할 것이다(Murashima 1988: 92에서 재인용).

여기서 와치라웃은 쫄라룡꼰을 포함한 앞선 태국의 지배 엘리트들의 주장과 마찬가지로 태국에서 국왕이란 백성이 나라를 이끌어 가는 지도자로서 자발적으로 선택한 존재이며, 그러한 역할이 주어진 국왕은 "공동체", 즉 국가의 구심점으로서 모든 국민의 존경과 충성을 받아야 마땅하다고 강조한다.

와치라웃은 불교와 국가 간 관계에 대해서는 다음과 같이 말한다.

> 도덕적인 국가는 번영한다. 그러나 도덕성이 부족한 국가는 매우 혼란스럽고 분열될 것이다. …… 만약 개개 구성원들이 도덕성이 없고 정의에 대해 염려하지 않고 이웃들에 대한 배려 없이 행동한다면, …… 그들에게는 필연적으로 분쟁이 있는 반면 행복은 있을 수 없을 것이다. 그러한 상황에서는 한 공동체로서 함께 살아간다는 것이 불가능하게 될 것이다. 그것은 국가적 공동체가 파멸되는 결과로 이어질 것이다. …… 만약 한 국가가 망해 간다면, 종교는 보존될 수 없다. 거꾸로, 만약 종교가 국가로부터 사라진다면, 사람들은 더 이상 도덕성을 갖지 못할 것이다. 그리고 도덕성이 부족한 국가는 멸망과 파괴로 나아갈 것이다(Murashima 1988: 93에서 재인용).

와치라웃은 여기서 불교를 도덕적 가치체계로 간주하고 있으며, 태국에서 보편적 이념으로 작용하는 그러한 가치체계로서의 불교의 보존과 번영은 국가의 운명과 직결되어 있다고 주장한다.

국왕과 불교와 국가간 관계에 대한 와치라웃의 생각이 담긴 연설들은 뒤에 한 권의 단행본으로 묶여 출판되었으며, 이 책은 1942년부터 1957년까지 태국 교육부에 의해 중등 과정 국어교과서의 교재로 사용되었다(Murashima 1988: 91). 국왕·불교·국가 세 요소로 구성된 태국의 공식적인 국가 이념이 오늘날 태국 국민들의 의식 속에 깊이 뿌리를 내리는 데 있어서 와치라웃이 1910년대 초에 했던 이 연설들이 얼마나 중요한 영향을 미쳤는지 어렵지 않게 짐작할 수 있을 것이다.

이상 살펴본 바 와치라웃은 왕권과 국가에 대한 그의 기본적 인식에 따라 전형적인 절대군주답게 자신을 "프라짜오 팬딘phracao phaendin", 즉 "국토의 주인"이라고 불렀으며, 태국의 국민 모두가 오직 자신의 리더십하에 단결되어 국가를 이루기를 원했다. 그는 자유주의와 입헌주의와 같은 유럽의 정치 사상과 제도를 맹목적으로 찬성하고 그것을 태국에 무조건 도입하려는 것을 비난했으며, 그 대신 태국이 "문명화된" 국민국가로 발전하기 위해서는 태국 고유의 역사와 문화의 바탕 위에 국가를 건설해야 한다고 보았다(Murashima 1988: 89-95). 그가 누차 강조하는 태국 고유의 역사와 문화의 바탕은, 그의 부친 쫄라롱꼰 왕도 비슷한 맥락에서 말했던 것처럼, 특히 국왕에 대한 충성과 불교에 대한 존중을 요구한다. 이것이 와치라웃의 국가관이며 그가 생각한 타이 민족주의의 내용이었다.

그가 추진한 타이 민족주의는 종종 "관주도 민족주의official nationalism"로 불린다(Kullada 1987). 이 개념을 도입한 세튼왓슨 Seton-Watson에 의하면, "관주도 민족주의"는 근대적 국민국가가 형성되던 19세기의 시대적 상황에서 발전했다. 그것은 유럽의 절대 군주 왕정의 왕실 및 귀족관료 사회를 포함한 지배 엘리트 세력이 1820년대부터 크게 확산되기 시작한 "대중 민족주의"가 자신들을 배제하거나 국가의 주변부로 몰아내려는 위협에 대해 취한 반응으로서 나타난 것으로, 스스로 주도권을 쥐어 다민족 사회를 다수민족 중심으로 통합 및 동화시키면서 그 국가의 구심점에 왕실을 두어 이로써 왕조를 유지시키려던 조작적인 노력을 일컫는다(Anderson 1991: 86, 109-110).

앤더슨은 그러한 배경에서 등장한 "관주도 민족주의"가 태국과 같은 비유럽 국가에 의해서 모방되었음을 지적한다. 그에 따르면, 태국에서 "관주도 민족주의"는 쭐라롱꼰 왕이 시작했다. 그러나 앤더슨은 그의 "관주도 민족주의"를 국가를 식민지화의 위협으로부터 보호하고 근대화하는 과정에서 왕실 정부를 합리화하고 중앙집권화한 노력과 관련하여 설명할 뿐, 이 장에서 필자가 분석한 바 쭐라롱꼰 왕의 국가관과 근대화에 대한 인식에서 확인될 수 있었던 왕조 및 왕권 중심적 사고방식과 결부시켜 언급하지는 않는다. 앤더슨은 태국에서의 "관주도 민족주의"가 와치라웃 왕에 의해 본격적으로 추진되었으며, 그것은 예컨대 "국가가 통제하는 초등의무교육, 국가가 행하는 선전활동, 역사의 공식적 재편찬, 실제적인 것이라기보다는 과시적인 군국주의, 왕조와 국가의 정체성에 대한 끊임없는 확인" 등에서 나타났다고 말하는데(Anderson 1991: 99-101), 이러한 관찰은 정확하다.

영국에서 유학 생활을 한 와치라웃은 위에서 본 것처럼, 역시 영국에서 공부하고 돌아온 팟사꼬라윙과 랏따나 야띠 등과 마찬가지로 태국의 정치와 왕권의 위상과 관련하여 태국의 특수한 역사와 문화적인 배경을 강조하면서 절대군주제의 필요성에 대해 역설했다. 얼핏 보건대, 영국에서의 민주주의적 사상과 제도에 접했을 이들이 1885년 개혁건의문 저자들과 마찬가지로 태국에서 의회민주주의적인 정치 개혁과 왕권의 제한에 대해 찬성했을 것으로 짐작되지만, 오히려 그 반대의 사고를 갖고 있었던 것은 어떤 연유에서일까? 민중이 국가의 주체가 되어야 한다는 민주주의 의식의 바탕 위에서 발전하고 전개된 근대적 민족주의는 전통적인 절대군주제의 정부와 그에 속한 지배 엘리트들에게는 그 존립에 대한 심각한 위협으로 다가왔을 것이다. 이에 쭐라롱꼰과 와치라웃 등 태국의 지배 엘리트들은, 앤더슨이 지적하는 것처럼, 유럽의 "관주도 민족주의"를 모방하여 근대화된 국가 건설을 추진하되 그것을 왕권 중심으로 하려고 했던 것이다.

II. 입헌군주제 시대 태국 왕권

　1932년은 짜끄리 왕조가 1782년 창건된 지 150년이 되는 해였다. 와치라웃의 동생이자 후계자인 쁘라차티뽁 왕(재위 1925-1935)은 150주년 기념을 위해 짜오프라야Chao Phraya 강에 새로운 다리를 하나 건설케 했다. 이 다리는 기일 내에 완공되어 150주년 기념일인 1932년 4월 6일 개통되었으며, 그 명칭은 짜끄리 왕조의 창건자인 라마1세의 이름을 따 "프라 풋타욧파Phra Phutthayotfa"라고 불렀다

(Terwiel 1983: 328).[7] 짜끄리 왕조의 전통과 위상을 재확인하는 이 역사적 사건이 일어난 바로 이 해 6월 말 쿠데타가 일어났다. 왕조 150주년 기념을 통해 절대군주제의 건재함을 과시하려던 쁘라차티뽁은 이 혁명으로 모든 실질적인 권력을 상실하고 상징적으로만 국가의 수반인 입헌군주의 지위로 전락했다. 어쩔 수 없이 입헌군주제를 받아들여야 했던 그는 결국 새로운 체제에 적응하지 못하고 1935년 3월에 왕위에서 스스로 물러났다.

1. 쿠데타 이후의 왕권 암흑기

입헌혁명의 주동 세력은 1932년 12월에 쁘라차티뽁에게 쿠데타 당시 왕에게 행한 불경不敬에 대해 사죄를 구했으며, 이에 대해 왕은 "위엄 있는 말씀으로" 그들을 용서했다. 이시이는 이것을 그 이후 태국 정부들이 중시한 정권의 정당성 문제와 관련하여 중대한 영향을 미친 역사적 사건이라고 평가한다(Ishii 1986: 163). 즉 태국의 정부들이, 그것이 쿠데타를 통한 군사독재 정권이건 평화로운 방식으로 집권한 문민 정권이건 간에 상관없이, 국민의 눈에 합법적인 정부로 비치도록 하기 위해서는 국왕의 "축복"과 "인정"을 통한 국왕과의 원만한 관계를 확보하기 위해 노력했다는 것이다. 그러나 그것은 어디까지나 표면적으로만 상호 유화적인 제스처였을 뿐, 쁘라차티

7) 당시 태국의 항간에서는 이날 큰 정치적 변혁이 일어나 짜끄리 왕조가 멸망할 것이라는 소문이 있었다. 이 소문은 부분적으로는 왕조가 오직 150년만 지탱할 것이라는 한 예언에 근거한 것으로, 이 예언은 짜끄리 왕조의 창건자인 라마1세의 한 누이의 입에서 나온 것이라고 전해 내려온다(Batson 1984: 152, 163).

뻑은 쿠데타 주동 세력을 그 후 결코 용서하지 않았던 것으로 보인 다.[8] 또한 성공적인 쿠데타 이후 민주주의적인 정치 실험에 여념이 없었던 혁명 정부로서도 새로운 정치체제의 국가 건설을 위해 국왕 의 존재를 그다지 필요로 하지 않았던 것으로 보인다.

쁘라차티뻑의 후임으로 그의 조카인 아논 마히돈Ananda Mahidol 이 짜끄리 왕조의 제8대 국왕으로 추대되었다. 1935년 당시 스위스 의 로잔Lausanne에서 학교에 다니던 10세 소년 아논은 3년 후인 1938년 말 방콕에 돌아왔지만, 그 다음 해 1월에 스위스로 다시 돌아 가 1945년 12월에 정식으로 귀국하기까지 유럽에 쭉 머물러 있었다. 추측컨대 아논은 1938년부터 제2차 세계대전이 끝날 때까지 나이도 나이려니와 당시 타이 사회를 지배하던 군국주의와 파시즘의 분위 기 속에서 입헌군주로서 할 일이 별로 없었을 것이다(Terwiel 1983: 343). 아논은 1946년 6월 초 그의 침실에서 머리에 총을 맞아 죽은 시체로 발견되었다. 그의 죽음은 정확한 사인이 밝혀지지 않은 채 여전히 미스터리로 남아 있지만, 어쨌든 이 역시 입헌군주로서 변화 된 시대적 상황에 적응하는 데 실패한 사례의 하나로 간주된다. 1932년부터 1946년까지는 태국의 짜끄리 왕조사에서 실로 가장 어 둡고 슬픈 시기라고 말할 수 있을 것이다.

---

8) 이 점은 1934년 1월에 유럽으로 여행을 떠난 쁘라차티뻑 왕이 유럽에서 태국 정 부의 국가 운영 방식에 대해 노골적인 불만을 나타냈으며, 정부에 대한 자신의 요구들이 계속 무시당하는 것을 본 그가 결국 유럽에서 돌아오지 않은 채 퇴위 해 버린 사실에서도 어느 정도 짐작할 수 있다(Terwiel 1983: 336-337).

2. 락 타이lak thai 정책과 정권의 정당성

아논의 뒤를 이어 짜끄리 왕조의 제9대 왕으로 추대된 자는 아논의 동생인 푸미폰 아둔야뎃이었다. 1927년 12월 미국 매사추세츠에서 태어나 스위스에서 교육을 받은 푸미폰은 등위할 당시 만 18세의 나이로, 태국의 정치와 사회에 대한 경험이 거의 없었을 뿐만 아니라, 입헌군주로서의 역할에 대한 전망도 그의 형과 마찬가지로 불확실했을 것이다. 그러나 그의 시대부터 그동안 쥐 죽은 듯이 있던 태국 왕권의 사회문화적 역할이 다시 살아나기 시작했다. 이러한 변화는 일차적으로는 국왕에 대한 태국 정부의 자세가 변화된 것에 기인한다.

태평양전쟁 기간 태국에서 군국주의적 파시즘 정권을 형성하여 추축국과 동맹관계를 맺고 심지어 영국과 미국에 대해 선전포고까지 한 피분Phibun은 1947년 11월 군부 쿠데타로 정계에 복귀하여 그 이듬해부터 1957년 9월까지 수상직에 있었다. 1932년 입헌혁명의 주역 가운데 한 명이었던 피분은 처음부터 반反 왕실적인 인물이었는데, 이 점은 그의 영향력이 지배적이었던 1944년까지 태국의 국왕들이 무력했던 것에 대한 부분적인 요인이 된다. 그러나 쿠데타를 실질적으로 이끈 군인들 특히 사릿Sarit과 타놈Thanom 등은 국왕에 대해 근본적으로 다른 자세를 갖고 있었던 것으로 보인다. 이들은 1947년 쿠데타의 와중에서 왕실 인사들과 만나, 쿠데타가 성공하면 국가와 종교와 국왕을 수호할 것이라고 이야기했다. 1932년 입헌혁명 이후 군부 정권의 정치적 이데올로기에서 왕정제의 유산이었던 이 세 요소가 다시 언급된 것은 처음이었다. 그들은 새로운 헌법에서 국왕의 공식적 권력을 확대해 주었으며, 1935년 쁘라차티뽁 왕의 퇴위 이후 재무부에서 관리해오던 왕실 재산에 대한 운영권을 국왕에게 돌려주었다. 이로써 왕실은 태국에서 가장 큰 자산가가 되었다(Pasuk and Baker 1997: 281-282).

태국 현대 정치사에서 입헌군주 왕권의 역할 및 성격과 관련하여 더욱 중요한, 획기적인 변화는 사릿이 집권한 이후 일어났다. 이미 1947년 쿠데타 이후 왕실 수비대의 명예직을 하사받는 등 국왕의 신뢰를 획득하고 있었던 사릿은 1957년 9월 쿠데타로 권력을 장악한 후 푸미폰 왕을 알현했으며, 이 자리에서 국왕은 그에게 그를 "수도의 수호자"로 임명한다는 임명장을 주었다. 사릿은 이 문서를 언론에 공개함으로써 자신의 쿠데타를 정당화하려고 했다. 1958년 쿠데타 후에도 국왕에 대한 충성을 맹세한 그는 1959년 2월 스스로 수상직에 오른 다음에는 국왕을 국가의 상징적 구심점으로 만드는 작업에 본격적으로 착수했다. 그는 국왕의 생일을 국경일로 지정했으며, 초경First Ploughing 의례와 같은 전통적인 왕실의식을 부활시켰다(Pasuk and Baker 1997: 282).

한편 1957년 쿠데타를 통한 사릿의 정권 장악은 그 이전 태국의 정계에서 비록 부분적으로나마 행해지고 있었던 모든 민주화의 시도들이 종식되는 결과를 가져왔다. 사릿은 1963년 12월에 죽었지만, 그의 정치 노선과 정치 스타일은 그의 충복이자 대리인이었던 타놈에 의해 1973년까지 유지되었다. 그 때문에 1957년부터 1973년까지를 흔히 "사릿 시대"라고 부른다. 이 시기에 의회가 해산되고, 헌법이 폐기되고, 모든 정당 활동이 금지되고, 반정부 인사들이 구속되고, 1958년부터 1968년까지는 심지어 계엄령이 선포되는 등 민주주

방콕 시내의 한 은행 빌딩 로비에 세워진 푸미폰 국왕의 사진. 1999년 12월 5일 만 72세 생신을 기념하여 태국 전역의 관공서와 주요 빌딩과 도로 곳곳에는 국왕의 대형 사진이 걸렸다. 국왕의 생일은 태국에서 가장 중요한 공휴일 중의 하나이다.

의가 많은 수난을 당했다(윤진표 1994: 64-65).

사릿은 이처럼 태국 현대 정치사에서 가장 비민주적인 시대를 연 인물로 간주되지만, 그러나 동시에 태국의 경제성장의 초석을 놓은 자로 평가받기도 한다. 전형적인 "개발독재" 정부를 이끌었던 그는 1961년에 태국 최초의 경제개발계획을 수립·시행했으며 강력한 반공정책을 취했다. 그는 이로써 태국의 경제적 발전과 사회적 안정화를 도모했을 뿐만 아니라 정권의 정당화와 나아가서는 공고화를 추구했던 것으로 보인다. 경제 발전과 사회 안정과 정권의 정당화는 상호 연결되어 있는 것으로 이해되는데, 사릿은 특히 사회 안정과 정권 정당화를 위해 소위 "락 타이lak thai" 정책을 추진했으며, 이것은 1932년 이후 죽은 듯이 있었던 태국 입헌군주의 왕권에 역할이 소생되어 국왕이 사회적으로 활동할 수 있는 이념적 기반을 제공했다.

"락 타이" 개념은 국민과 불교와 국왕의 세 요소가 태국이라는 국가를 떠받친다는 것으로, 그 기본 정신은 앞에서 보았던 것처럼 쭐라롱꼰 왕과 이 왕의 몇몇 동시대 타이 엘리트들의 국가관에서 이미 나타났으며, 와치라웃 왕에 의해 더욱 정교화되고 제도화되었다. "락 타이" 개념은 쿤 위치맛Khun Wichimatra이 1928년경에 쓴 *Lak Thai*란 제목의 글에서 이론적인 체계를 갖추게 되었는데, 이 사람은 이 책으로 태국 왕실이 주는 상을 수여했다고 한다(Terwiel 1991: 136).

사릿이 추구한 락 타이의 국가란 국왕이 국가의 수반으로서 통치하고 불교가 번성하고 국민이 국왕에 대한 존경심과 불교에 대한 신앙심을 갖는 나라였다. 사릿은 이러한 락 타이의 국가를 만들고 유지함으로써 자신의 정권에 정당성의 옷을 입히려 했던 것이다. 이시이는 락 타이의 세 요소 중 국왕과 불교는 국왕이 불교를 보호하고 불교는 국왕에게 정당성을 제공하는 등 상호 보완적인 관계에 있는데 반해, 국민은 국왕과 불교를 지지하는 실체로서 이들 두 요소에 비해 열등한 것으로 해석한다(Ishii 1986: 164-165). 그러나 이 세 요소는 우월과 열등의 관계로 이해되는 것이 아니다. 락 타이는 불교

스님들에게 황의를 바치는 푸미폰 왕. 태국의 왕실은 오래 전부터의 전통에 따라 태국의 음력설인 송끄란 축제시에 불교 승려들에게 가사를 비롯한 여러 물품을 시주한다.

라는 타이 문화의 응집력과 국왕이라는 타이 사회의 구심점을 바탕으로 태국 국가의 정체성을 심어주려는 것, 그리고 궁극적으로는 이를 통해 태국을 사릿 정권 체제하에서 하나로 통합하여 국가를 더욱 효율적으로 통치하려던 하나의 정책으로 파악되어야 할 것이다. 즉 타이는 불교를 믿고 국왕을 타이 사회의 구심점으로 갖는 태국 국민을 형성하려던 국가 이념으로, 와이어트 역시 다음의 글에서 말하는 것처럼, 그 중심에는 사릿이 존중해 왔던 국왕이 놓여져 있었다.

이 이데올로기 혹은 정치철학은 권위를 둘러싼 (태국의) 토착적인 원칙들과 사회 및 정치적 위계의 전통적인 형태와 온정주의적 통치 방식에 토대를 둔 것으로, 이들은 모두 태국의 전통적인 가치체계를 이룬다. 사릿은 자신이 볼 때 효과가 없었던 추상적인 국가나 헌법에 대한 충성을 강조하는 대신, 국왕에 대해 일차적인 주의를 집중시켜 국왕을 시민들의 충성의 구심점으로서 뿐만 아니라 정부의 정통성의 원천으로 삼았다. 정부는 한편 반半 신성시된 왕권의 세속적인 도구가 됨으로써 (국민으로부터) 존경과 복종을 받을 자격을 갖게 되었다. 대중으로부터 시작하여 관료사회와 정부 그리고 국왕에까지 이르는 구조로 구축된 사회적 위계는 민주주의적 평등주의를 희생으로 강조되었다. 국왕은 도덕적, 사회적, 정치적 질서의 정점의 위치로 회복되었다(Wyatt 1984: 281).

여기서 우리의 주목을 끄는 것은 락 타이의 세 요소 가운데 불교는 오래 전부터 타이 사회의 보편적 이념으로서 변하지 않는 사회문화적 중요성을 갖는 요소이고, 국민은 이미 주어져 있는 실체인 데 비해, 국왕은 1932년 이래 태국의 국가와 사회에서 그 기능을 거의 상실하다시피 한 존재로 전락해 있었다는 점이다. 바로 이 점에 대한 올바른 이해가 선행되어야 왜 사릿이 락 타이 정책을 국왕을 중심으로 추진했으며 그 과정에서 국왕의 사회문화적 역할을 부활시키기 위해 특별한 노력을 기울였는지를 이해할 수 있을 것이다.

왕권의 역할에 초점을 둔 이러한 락 타이 정책에 따라 사릿 체제하에서 푸미폰 왕과 태국 왕실의 위상이 제고되었고 그 활동이 크게 증대되었다. 사릿은 국왕과 왕비로 하여금 동북부 지방을 비롯한 여러 지방을 순회하도록 주선했는데, 이것은 중앙에 대해 불만을 품고 있는 지방 주민들의 민심을 달래는 것 외에도, 왕실이 건재함과 나아가서는 국왕이 국민들을 보살피기 위해 노력하고 있다는 인상을 태국 국민들에게 부각시키는 효과를 가져왔을 것이다. 사릿은 또한 국

지방의 한 시골마을에서 장애인과 대화를 나누는 푸미폰 왕. 백성의 복지를 염려하고 돌보는 그의 이러한 자세와 행동은 담마라자로서의 태국 국왕의 전통에서 이해될 수 있다.

왕 부부에게 해외 순방의 기회도 대폭 증가해 주어, 자신이 집권했던 5년 동안 23개국을 공식 방문하도록 했으며, 귀국할 때마다 성대한 환영식을 베풀어 국민들에게 국왕에 대한 열렬한 사랑과 존경심을 고취시켰다. 그밖에 국왕이 참가하는 의식과 사회의 여러 단체들과의 공식적인 접견이 크게 느는 등, 국왕과 국민 간 관계가 가까워졌다.

푸미폰은 이러한 활동을 통해 타이 사회의 주요 그룹들, 특히 비즈니스계와 중산층의 전문인 그룹, 군부 등과 공식적인 관계를 쌓을 수 있었다. 그는 비즈니스계와의 관계를 통해서는—예컨대 여러 기금모집 행사에 태국의 주요 사업가들로부터—기부금을 끌어들일 수 있었고, 이러한 활동은 국민들에게 국왕이 부유한 자들로부터 부를 끌어 모아 가난한 자들에게 재분배하는 사람이라는 이미지를 주는데 충분했을 것이다. 국왕과 군부 간 관계는 더욱 직접적인 형태를 띠었다. 사릿은 1개 연대를 배정하여 왕실을 전담토록 했으며, 푸미폰 왕에게 육군사관학교와 서로 다른 다섯 연대의 명예 지휘관이 되어 줄 것을 요청하기도 했다. 심지어 사릿은 태국의 군대를 "왕의 군대"라고 칭하기도 했다(Pasuk and Baker 1997: 282-283).

3. 입헌군주 푸미폰 아둔야뎃 왕

군부와 국왕 사이의 이러한 상호 호의적인 관계는 군부 정권에 대한 푸미폰의 지지로 나타나기도 했다. 푸미폰 왕은 1973년 10월 혁명으로 "민주화된" 타이 사회가 이후 무질서와 혼란의 상황에 봉착했을 때 군부가 쿠데타를 통해 재집권하는 것을 지지했다. 1976년 10월 5일 방콕의 탐마삿Thammasat대학교에서 우익 세력과 좌익 세력 간 유혈 충돌이 일어났고, 그 다음날에는 많은 학생들이 국경수비대와 빌리지 스카우트Village Scouts 단원들에 의해 학살당하는 일이 발생했다. 이에 군부가 비상계엄령을 선포할 것을 요구하자, 국왕은 이를 승인해주었으며, 이로써 1976년 10월의 군부 쿠데타가 정당성을 갖고 성립될 수 있었던 것이다. 커쇼에 의하면, 푸미폰이 군부 쿠데타를 "격려한" 것의 직접적인 배경은 첫째로는 1973년 민주화 운동에 참가했던 태국 학생들이 지나칠 정도로 좌경화되고 있었고 태

1973년 10월 태국의 민주항쟁시 왕궁에 들어와 있는 학생들을 만나는 푸미폰 왕과 왕비
와 두 공주들.

국공산당CPT의 타이 사회로의 침투가 갈수록 증가하고 있었던 점,
둘째로는 1975년 4월 베트남과 캄보디아가 공산화된 점, 셋째 1975
년 12월 라오스에서도 공산주의자들이 승리했으며 이로써 라오스의
왕정제가 종식된 점, 넷째 타이 사회의 세 핵심 제도인 불교와 국왕
과 군부에 대한 학생들의 공개적인 모욕 행위가 증대된 점 등이었다
(Kershaw 2001: 137-138). 푸미폰은 쿠데타 후 자신과 가까운 관계에
있었던 타닌Thanin을 수상에 임명했으며, 연설을 통해 쿠데타는 태
국 국민이 원하던 바였음을 강조했다(김홍구 1998: 110). 이로써 푸
미폰은 태국에서 "민주주의" 시대가 종식되는 데 중요한 역할을 한

것으로 간주될 수 있을 것이다. 그러나 뒤에서 논의될 것처럼, 그의 행동은 반反민주적인 동기와 결부될 수 있는 것이 아니라, 어디까지나 그가 태국 국민의 이해관계와 타이 사회의 안정을 우선시한 것에서 비롯된 것으로 보인다.

국왕을 존중하는 태국 군부 정권의 자세는 1976년 10월 쿠데타 이후 더욱 강하게 나타났다. 군부와 관료사회의 주요 인사들은 태국 국가적 문화에 있어서 국왕과 왕실의 역할을 더욱 확대하기 위해 노력했다. 태국 정부는 1970년대 말에 국가정체성부National Identity Board를 설립하여 "타이"의 의미를 규정하고 "타이적인 것Thainess"을 촉진 · 장려하는 임무를 맡겼다. 이것은 당시 군부를 비롯한 태국의 보수적인 사회계층이 볼 때, 1973-1976년간 소위 "민주주의 시대" 타이 사회에 나타난 사회적 혼란과 분열을 종식시키고자 하는 의도에서 나온 것이었다. 국가정체성부는 타이 정체성의 핵심적 요소를 "국가적 통합을 이룩하고 국가가 독립과 주권을 지켜나가도록 해주는 국가와 종교와 국왕"의 세 제도라고 규정했다. 이것은 19세기 말 이후 태국의 엘리트 계층이 지녀온 국가관의 반복이었다. 1980년대 초 국가정체성부가 발표한 설명에 따르면, 수코타이 왕조의 창건 이래 태국은 국가와 종교와 국왕이라는 세 요소를 결합하는 피라미드적인 정부 구조를 가지고 있었다. 이러한 피라미드적인 정부 구조가 수세기 간 유지될 수 있었던 것은 한편으로는 왕권과 불교가 국가를 단단하게 결합시켜 왔기 때문이며, 다른 한편으로는 국가의 바탕에 농촌과 농민이 있어 왔기 때문이라고 말한다. 이 국가 구조에서 핵심은 그 피라미드의 정점에 있는 국왕이란 점에 대해서는 더 이상 부연 설명이 필요 없을 것이다(Pasuk and Baker 1997:

315-319).

그러나 위에서 살펴본 것처럼 국왕과 군부 정권 간 관계는 항상 상호 호의적이지는 않았다. 푸미폰 왕은 어느 시점부터인가 자신이 더 이상 군부 정권에 의해 "만들어진" 국가의 구심점이 아니라, 국왕이 항상 백성의 도덕적 모범이며 백성을 평안하게 하고 나라를 번영으로 이끄는 책임을 진 전통적 왕권의 계승자로서의 역할에 대해 인식하기 시작한 것 같다. 이미 1969년 그는 쭐라롱꼰 대학교의 대학생들에게 행한 한 연설에서 새로운 지식인들이 당시 태국의 급격한 사회경제적 변화로 말미암아 농촌 지역에서 확산되고 있었던 농민들의 부채와 빈곤과 농지의 부족과 빈부격차 그리고 이러한 상황에서 증대되는 공산주의 세력의 문제를 해결하기 위해 노력할 것을 당부했다. 그리고 그는 농민들이 이처럼 소외되고 공산주의자들이 기승을 부리게 된 데에는 정부 관리들이 농민들을 억압해 온 것이 중요한 원인이었다고 지적함으로써 정부 당국을 비난했다(Kershaw 2001: 136-137).

푸미폰은 자신이 태국 국가의 "진정한" 구심점을 이룬다는 것에 대해 점차 더욱 강한 자신감을 갖게 된 것 같다. 이 점은 그가 1980년대 외신 기자들과의 한 인터뷰에서 "태국의 국왕은 국가의 혼과 같은 존재다"라고 말한 것이라든지, "입헌군주는 비록 국가와 함께 변할 수밖에 없지만, 그러나 그는 국가의 정신을 수호해야 하며 다양한 국민 속에 공유되어 있는 그 무엇을 구현해야 한다"라고 말한 것에서 엿볼 수 있다(조흥국 1996a: 44). 이 인터뷰에서 푸미폰은 자신이 영국이나 일본의 입헌군주와 같이 국가의 상징적 수반으로서 사회에서 소극적, 수동적인 역할에 만족하지 않을 것이며, 태국 국민이

바라는 바를 파악하여 이를 실현시키기 위해 적극적, 능동적인 역할을 할 것임을 분명하게 밝히고 있다. 입헌군주인 푸미폰 왕이 국가에서의 자신의 역할과 위상에 대해 이처럼 강한 자신감을 갖게 된 것은 한편으로는 사릿에 의해 국왕의 공식적인 사회문화적 역할이 회복되고 확대되었던 것에 기인한다고 볼 수 있지만, 다른 한편으로는 푸미폰 왕이 스스로 국가의 중심으로서의 전통적인 태국 왕권의 정신을 인식하고 그러한 차원에서의 왕권의 위상을 쌓기 위해 노력했기 때문인 것으로 보인다. 전통적인 왕권의 정신은 태국에서 백성에 대한 담마라자로서의 관계를 통해 추구되어 온 것으로, 그것은 푸미폰 왕 시대 태국의 현대적이고, 민주주의적인 맥락에서는 국왕이 국민의 이해를 대변하고 옹호하기 위해 노력하는 것으로 나타났다.

1973년 10월 군부 정권을 몰아내고 민주적인 정부를 세우기 위한 학생시위가 방콕에서 전개되었다. 소위 "10월 혁명"에서 시위대를 진압하기 위해 군대가 발포했고, 이로써 75명의 사상자가 발생하는 사태에까지 이르렀다. 이때 푸미폰은 그동안 사릿 및 타놈 정권과 누렸던 상호 존중 및 지지의 관계에서는 상상할 수 없는 자세를 보여주었다. 그는 학생 시위대가 경찰의 무력 진압에 쫓기고 있었을 때, 뜻밖에 왕궁의 문을 열고는 이들을 왕궁 안으로 들여보내어 보호해주었다(조흥국 1996a: 44). 이로써 그는 자신이 누구 편에 서 있는지를 태국 국민들에게 보여주었고, 이것은 타이 사회에 대한 집권 군부의 위상이 실추되는 데 중요한 기여를 했다. 커쇼는 심지어 1973년 10월 혁명 당시 군부 독재의 핵심 인물들이었던 타놈과 쁘라팟Praphat과 나롱Narong이 태국을 떠났고 군부 정권이 공식적으로

태국의 1973년 10월 혁명. 학생들이 푸미폰 왕의 사진을 위로 치켜들고 거리에서 데모를 한다. 그들은 이를 통해 군부 정권은 국민의 뜻을 무시하지 말고, 백성을 위해 봉사하는 국왕을 본받으라고 말하고 있는 듯 하다.

퇴진한 것은 푸미폰 왕이 개입했기 때문이라고 해석한다(Kershaw 2001: 137).

　1973년 10월 혁명의 직접적인 도화선은 타놈 정권이 1972년 12월에 국회의원의 3분의 2를 군과 경찰에서 선출한다는 내용을 포함한 신헌법 개정안을 발표한 것이었다(윤진표 1994: 66). 푸미폰은 10월 사태의 와중에서 외국 언론을 통해 태국에 올바른 방식으로 선출된 국회가 있어야 함을 강조하는 등, 태국에서 민주주의를 옹호하는 가장 중요한 인물 중 하나가 되었다. 그는 당시 태국 국민의 바람이 희생을 수반한 대규모 반정부 시위로 나타나자 그들이 추구하는 바를

1992년 5월 사태시 푸미폰 왕이 민중민주주의 캠페인의 리더인 짬롱(왼쪽에서 첫 번째)과 군부의 대표인 수찐다(왼쪽에서 두 번째)를 불러 놓고 타이르는 모습. 이처럼 입헌군주제 의 태국에서는 국왕이 종종 정치에 개입하여 정치변동에서 중요한 역할을 행하여 왔다.

지지하는 것이 담마라자로서의 태국 국왕이 취해야 할 자세라고 판 단했던 것 같다.

태국 국민의 민주화에 대한 관심을 중시하고 이를 지지함으로써 타이 사회의 보다 보편적 가치를 실현하는 데 있어서 국왕의 적극적 인 역할을 보여준 것은 1992년 5월 민주화 시위사태에서도 나타났 다. 이 해 3월 총선을 통해 수찐다Suchinda 장군을 중심으로 한 군부 가 재집권을 노리자, 야당 세력들은 4월부터 소위 "민중민주주의 캠 페인"을 전개했다. 팔랑탐Phalang Dharma당의 당수인 짬롱 Chamrong이 주도한 이 캠페인이 5월 중순에 들어서서 대규모 군중

시위로 발전하자, 같은 달 18일에 군대가 시민들을 향해 발포하여 숱한 사람들이 죽고 짬롱이 체포되는 등 사태가 진퇴양난의 혼란스러운 상황으로 전개되었다. 이에 푸미폰 왕은 20일에 수찐다와 짬롱을 불러 문제를 해결할 것을 촉구했다. 두 사람이 국왕 앞에 공손히 무릎을 꿇고 앉아 마치 용서를 비는 듯한 모습은 언론을 통해 태국 국민들과 전 세계에 알려졌다. 결국 수찐다는 수상직에서 스스로 물러났으며, 이로써 군부의 재집권 시도는 수포로 돌아갔다. 이후 9월에 치러진 총선에서 "천사Angels"라고 불린 민주 그룹의 정당들이 "악마Devils"라고 불린 친군부 계열의 정당들에 대해 승리를 거두었으며, 그 후 오늘날까지 문민정부의 시대가 계속되고 있다. 이로 볼 때, 1992년 5월 사태에서 푸미폰 왕은 자신이 정치에 개입함으로써 태국 현대 정치사에서 또 한 번 결정적인 역할을 한 셈이었다(윤진표 1994: 77-79).

이상 살펴본 것처럼 푸미폰 왕은 1973년까지 대체로 태국의 군부 정권에 대해 협조적인 자세를 보여주었으며, 심지어 1976년 10월 쿠데타시에는 군부를 적극적으로 지지했지만, 1973년 10월 민주화 학생시위 운동과 1992년 5월 사태에서는 군부 정권에 대해 비판적인 자세를 보여주었다. 푸미폰의 이러한 이율배반적인 자세는 백성의 평안과 국가의 번영을 위해 일하는 담마라자적인 전통을 이어 받은 푸미폰 왕에게 있어서 일차적인 관심이 국가적 안정이었을 것이며, 그에 따라 그것이 군부 정권이 지속이건 민주화에 대한 요구이건 상관없이, 국가적 안정으로 연결되는 국민의 바람을 중시했기 때문인 것으로 설명될 수 있을 것이다.

1950년대 왕권의 사회문화적 역할이 점차 회복되기 시작한 후,

왕좌에 앉은 입헌군주 푸미폰 왕. 절대왕정제 시대부터 내려오는 왕권의 상징물들인 9층백산과 왕관 등은 태국의 공식적인 왕실 의식에 항상 진열된다.

1970년대부터 1990년대 초까지 태국 정치의 혼란과 격변기에서 그 역할을 훌륭히 소화해낸 푸미폰 왕은 오늘날 태국 국가의 구심점으로서 흔들리지 않는 위상을 누리고 있다. 또한 그는 60회 생일을 맞이한 1986년 12월 5일에 태국 역사상 살아 있는 국왕으로서는 처음으로 국민투표를 통해 "마하랏Maharat", 즉 "대왕" 칭호를 획득했다. 태국 정부와 국민이 그를 얼마나 존경하고 소중하게 여기고 있는지가 엿보이는 부분이다.

푸미폰 왕은 1992년 이후 문민정부 시대에도 태국 정부와 국민에 의해 국가의 구심점으로 간주되어 왔으며 타이 사회에서 강한 영향력을 발휘하고 있다. 예컨대 그는 1995년 8월에 반한Banharn 수상이 선거공약과는 달리 방콕의 심각한 교통체증 문제를 해결하는 데 있어서 노력을 보이지 않는 것을 지적하는 등, 당시 정부의 행정력을 문제 삼았다. 특히 그는 정부가 말만 할 뿐, 실천으로 옮기려고 하지 않는다고 비판하면서, 반한 내각이 이끄는 태국의 국가 이미지가 좋지 않다고 꼬집었다. 국왕의 이러한 노골적인 언질은 한편으로는 정부에 대한 국민의 불만을 대변하는 것으로 볼 수 있겠지만, 다른 한편으로는 정부에 대한 여론이 악화되는 데 적지 않게 기여할 것으로 기대되었다(조흥국 1996b: 516).

*The Economist*는 2002년 2월 28일자에서 타이 사회의 궁극적인 안정은 푸미폰 국왕에게 달려 있다고 말한다. 태국 국민들은 국왕이 태국의 정치가 제대로 돌아가도록 만드는 데 있어서 중재자 역할을 행해주어야 마땅한 것으로 간주하며, 80세로 가고 있는 현재의 국왕이 그 역할을 조만간 그만 두어야 할 상황이 오게 될 것을 두려워하고 있다. 푸미폰이 오늘날 누리고 있는 태국 국민들로부터의 존경과 신뢰는, 비록 절대군주의 실질적 권력은 갖고 있지 않지만, 이전의 역대 국왕들에 비해 결코 손색이 없을 것이다. 1992년 5월 민주화 시위 과정에서 시위대가 부른 왕실 찬가는 군인들의 사격을 한동안 멈추게 했다고 한다. 이것은 우리로 하여금 타이 사회에서 푸미폰 왕이 어떠한 위상을 갖고 있는지를 짐작하게 하는 데 충분할 것이다(*The Economist* 2002).

Ⅳ. 맺음말

쭐라롱꼰과 와치라웃은 19세기 말～20세기 초 민주주의 사상과 민중이 국민국가를 이루고 그 국가의 주체가 되어야 한다는 근대적 민족주의의 흐름에서 절대왕정의 존립에 대한 강력한 위협을 느꼈을 것이다. 그리하여 그들은 모두 서구의 의회민주주의적인 정치사상과 제도를 태국에 무작정 도입하는 것에 대해 반대했다. 그러나 그들은 서구 열강의 식민지화 위협 속에서 나라의 독립과 주권을 지키는 유일한 방법으로 국가의 근대화만큼은 중시하여 이를 국왕 중심으로 추진하고자 했으며 근대화된 국가의 구심점에 국왕의 존재를 두기 위해 노력했다. 그들의 이러한 노력은 태국 국민들에 의해 인정되어 절대군주로서의 위상이 별 어려움 없이 유지될 수 있었다. 그것은 국왕이 중심이 된 국가의 근대화가 비교적 성공적으로 추진되어 갔고, 이로써 동남아 주위 나라들이 모두 서구 식민지로 전락된 상황에서 태국만 유일하게 주권을 유지해 나간 것에 대해 태국 국민들이 큰 자부심을 갖게 되었으며, 태국이 이처럼 발전하여 아시아에서 "문명화된" 국가의 위상을 누리고 독립을 유지한 것이 "훌륭한" 국왕들의 노력 덕분이라고 생각했기 때문인 것으로 보인다. 태국 국민들의 국왕에 대한 이러한 자세는 1932년 입헌군주제 도입 이후에도 국왕들이 국가의 이념적 구심점으로 계속 받아들여지고 있는 것의 중요한 바탕을 이룬다.

푸미폰 왕은 이 글에서 살펴본 것처럼 타이 사회에서 종종 입헌군주의 지위를 초월한 강력한 영향력을 발휘해 왔다. 필자는 그것의 배경으로, 첫째 19세기 말 이후 태국 근대화의 추진과 타이 민족주의

아유타야의 한 댐과 저수지를 시찰하고 있는 푸미폰 왕. 태국 국민의 복지와 안녕을 위한 그의 관심과 노력은 에너지와 환경 분야에까지 미친다.

의 형성에 있어서 국왕이 그 중심을 차지해 왔으며, 그 결과 태국 국민들이 국왕을 태국 국가와 사회의 구심점으로 간주하는 전통이 1932년 입헌혁명 이후에도 지속되었다는 것을 주장했다.

두 번째 배경으로는 푸미폰의 국왕으로서의 사회문화적 역할이 무엇보다도 1950년대 이후 사릿 정권에 의해 회복되었다는 점이 중시되었다. 푸미폰은 소위 "사릿 시대"에 국왕에게 베풀어진 여러 배려를 통해 타이 사회에서 활발하고, 능동적인 역할을 할 수 있었으며, 태국 국민과의 친밀한 관계를 가질 수 있게 되어 정부와 국민으로부터 존경을 받게 되었다. 이것은 당시 타이 사회의 정치적 불안과 사회적 혼란의 시대적 상황에서 국민들이 국왕에 대해 담마라자적 왕권의 전통에 입각하여 타이 사회의 지도자로서의 일정한 역할을 해 줄 것을 기대했으며, 푸미폰이 이에 대해 적절하게 부응했기 때문인 것으로 보인다.

이 글은 태국이라는 근대적 국민국가 개념에서 국왕과 불교와 민족 등 세 요소 중 "국왕"과 "불교"가 결합된 "불교적 국왕" 요소가 핵심적인 부분을 차지한다는 것을 보여주었다. 그러나 베트남, 인도네시아, 필리핀, 미얀마 등 동남아시아 대부분의 다른 나라들에서는 근대적 국민국가 형성에 있어서 "민족"이 중심적인 역할을 해왔다. 필자는 태국의 근대적 민족주의와 국민국가 형성은 국왕을 구심점으로 하여 "위에서 밑으로" 이루어졌던 반면, 다른 나라들의 경우는 민중을 중심으로 "밑에서 위로" 이루어졌다고 본다. 태국에서 국왕이 그러한 역할을 해올 수 있었던 것은 왕권이 타이 사회의 보편적인 이념인 불교와 긴밀하게 연결되어 왔으며, 왕권과 불교 간 그러한 관계의 전통이 식민 지배를 모면했던 타이 사회에서는 지속될 수 있었기 때문일 것이다. 반면에 서구열강의 식민 통치를 경험했던 인도네시아와 미얀마, 그리고 사회주의 혁명을 겪은 베트남과 같은 나라에서는 왕권의 전통이 단절되었고 그와 함께 이슬람, 불교, 유교 등 전통적으로 내려오던 보편적 이념과 왕권 간 결합관계도 없어졌다. 이러한 나라들에서의 근대적 국민국가 형성은 새로운 주체를 필요로 했으며, 그 필요가 민중에 의해 충족되었던 것이다. 태국의 왕권은 이 글에서 본 것처럼 여러 시대를 지나면서, 특히 19세기 이후 근대화와 민주화의 시기를 거치면서 큰 변화를 입었다. 그러나 타이 사회의 보편적 문화인 불교와 그 불교의 수호자인 국왕 그리고 불교를 믿고 국왕을 타이 사회의 구심점으로 인식하는 국민 간 삼각관계

의 기본구조는 항상 이어져 왔다. 바로 이점이 아시아의 다른 나라
들과는 다른, 타이 사회의 한 중요한 특징이다.

3장

절대군주제 시대 말레이시아의 왕권

오늘날 말레이시아의 술탄[1]은 말레이인의 민족 정체성은 물론 존경과 경외의 구심점이다. 또한 말레이시아 헌법은 국가 또는 주의 수반, 이슬람의 수장 그리고 말레이인의 특별한 지위와 권한을 보호하는 최후의 보루로서 술탄의 권한과 역할을 광범위하게 명시하고 하고 있다. 따라서 그들은 입헌군주임에도 불구하고 일반적인 경우

1) 말레이시아 14개 주중 9개 주에 주의 최고 수반으로 술탄이 존재한다. 이 중 느그리 슴빌란 주에서는 "술탄" 대신에 양 디뻬르뚜안 버사르Yang di-Pertuan Besar, 뻐르리스 주에서는 라자Raja라고 부른다. 술탄이 없는 다른 4개 주-뻬낭, 멀라까, 사바, 사라왁-엔 그에 상응하는 직책으로 주지사 Governor를 임명한다. 본 연구는 9개 주의 수반을 편의상 모두 술탄이라고 칭한다.

와는 달리 여전히 정치, 사회적으로 무시할 수 없는 영향력을 행사하
고 있다. 이로써 그들의 권한과 역할은 종종 말레이시아 정치적 장
의 주요 이유로 등장한다. 이 현상은 오늘날에도 말레이 사회에서
군주제가 시대착오의 역사적 유물이 아니라 여전히 정치, 사회적 효
용성을 발휘하고 있는 중요한 제도라는 사실을 입증하고 있다.

그러한 사실에 입각해 전통시기부터 현재까지 지속되고 있는 말레
이시아 군주제의 정치, 사회적 효용성에 관한 역사적 연구는 말레이
시아의 정치문화를 심층적으로 이해하는 데 필수적이라고 할 수 있
다. 그럼에도 불구하고 분명 술탄의 권한과 역할을 공개적으로 논하
는 것을 금하고 있는 1971년에 수정된 소요법률Sedition Act의 영향
으로 술탄제Sultanate의 정치, 사회적 효용성에 대한 연구는 그다지
활발하게 진행되지 못했다. 소수의 연구 중 대부분은 19세기 말까지
전통시기의 지배와 피지배 관계에 있어 술탄의 권한과 역할을 다루
고 있는(Carroll 1999; Khasnor 1999, Khoo 1983, 1985, 1986; Milner
1982, 1985a; Gullick 1965, 1985, 1987; Kratoska 1984; Sharifah 1993)
반면, 근·현대 시기의 술탄제의 효용성을 다룬 연구는 극소수에 불
과하다(Milner 1985b; Kessler 1992, Muhammad 1995; Smith 1995).
이 시기의 대부분의 연구는 식민지배하에서 술탄의 권한과 역할의
쇠퇴(Cheah 1988; Gullick 1992), 오늘날 정치 현실에 있어 술탄제의
문제점(Chandra 1979; Syed 1993; Chamil 1992), 헌법에 명시된 술
탄의 권한과 역할(Ahmad 1979; Trindade 1979; Y. A. M. Raja
1985; Tun Haji 1985) 또는 1982년과 1993년 헌법위기의 결과, 군주
의 권한과 역할의 축소에 초점을 맞추고 있다(Lee 1995; Rawlings
1986; Kershaw 2001).

이 글에서는 오늘날 말레이시아 군주제의 예외성을 가능케 한 원인과 배경을 역사적으로 고찰한다. 구체적으로 이 장에서는 15세기 초 멀라까 왕국 초기에 확립된 말레이 왕권이념의 근원을 살펴보고, 군주와 관료 및 백성과의 관계를 통해 왕권의 실제성을 분석함으로써 술탄제가 말레이인의 존경과 경외 그리고 정체성의 구심점으로 확립된 과정을 고찰한다. 이어 식민지배 및 전후 탈식민지 시기의 현대화 과정 속에서 술탄이 전통시기에 확립된 자신의 위상과 역할을 지속적으로 유지할 수 있었던 배경과 원인을 고찰한다. 이로써 이 글에서는 전통시기부터 독립 이전까지 말레이시아 정치문화의 발전과 특징에 대한 심층적인 이해를 시도한다.

또한 위에서 언급한 것처럼 1957년 독립과 함께 입헌군주제로 전환되었음에도 불구하고 말레이시아 군주제가 오늘날까지 정치, 사회적으로 효용성을 지속하고 있는 원인과 배경을 이해하는 데 중요한 바탕을 제공할 것이다. 독립 이후 오늘날까지 입헌군주제하에서 술탄의 권한과 역할에 대한 체계적 분석은 제4장의 몫이다.

Ⅰ. 전통 시기 술탄

1. 지상에 있는 신의 그림자 : 왕권의 이념적 고찰

말레이 전통 사회의 왕권의 이념은 1403년에 성립된 것으로 추정되는 멀라까 왕국 초기에 확립되었다. 16세기 후반에 집필된 것으로

16세기 국제무역이 활발한 멀라까 항의 전경. 말레이 반도의 서남부 지역에 위치한 멀라까는 무풍지대인 멀라까 해협의 한 지리적인 요충지로 일찍부터 인도, 페르시아, 중국 등지의 무역상인의 왕래가 잦으면서 말레이 세계에서 힌두, 불교, 이슬람 등 다양한 외부 문화의 유입과 전파의 중심지였다.

추정되는 사료로서 멀라까 왕국의 시대상을 비교적 상세히 담고 있는『스자라 멀라유Sejarah Melayu』는 멀라까 왕권이 왕국의 기원설화와 다울랏daulat, 더르하까derhaka 개념에 기초하고 있음을 보여준다. 기원설화에 따르면 멀라까 군주는 지상의 왕국을 통치하도록 신의 계시를 받은 것으로 알려진 마케도니아의 왕인 라자 이스깐다르 줄까르나인Raja Iskandar Zulkarnain: Alexander the Great을 자신들의 원조로 삼고 있다. 이어 그의 후손으로 수마트라 섬 빨렘방에 위치한 성스러운 언덕인 부낏 시군땅에 흰 소를 타고 바다로부터 신비스럽게 출현한 빨렘방의 왕자인 스리 뜨리 부아나Seri Teri Buana를 자신들의 직접적인 조상으로 내세우고 있다(Sharifah 1993: 45; Andaya 2001: 46).

전통시대 흔히 지배자는 왕국의 기원설화를 통해 절대군주로서 자신의 신성한 왕권을 합리화했다. 이 같은 점으로 미루어 멀라까 왕들이 자신들의 근원을 가깝게는 스리 뜨리 부아나와 멀게는 라자 이스깐다르와 연계시키는 것은 자신들이 신의 대리 통치자로서 왕국의 침범할 수 없는 절대권력의 소유자임을 피지배자에게 천명하려는 노력의 일환임이 분명하다(Sharifah 1993: 43-45).

그렇다면 그러한 목적을 위해 멀라까 왕들은 왜 하필이면 빨렘방의 신비스러운 왕자를 자신들의 직접적인 조상으로 삼았을까? 이에 대한 답은 멀라까 왕국의 성립과정에서 구할 수 있다. 15세기 초 멀라까 왕국이 탄생하기 이전에 말레이 반도는 빨렘방에 중심을 두고 멀라까 해협을 지배했던 해상왕국인 스리비자야의 속지였다. 14세기 말 스리비자야 왕국이 쇠퇴하자 빨렘방의 왕자인 빠라메스바라Paramesvara가 멀라까 해협의 관문인 말레이 반도 서남단에 멀라까 왕국을 창립했다. 그와 초창기의 멀라까 왕들에게 신생 왕국의 경제적 번영을 위해 주어진 가장 시급한 과제 중 하나는 당시 스리비자야 왕국의 통치자들과 수세기 동안 긴밀한 관계를 맺으며 멀라까 해협을 거점으로 무역활동을 통해 왕국의 경제 발전에 중요한 비중을 차지했던 해상세력Orang Laut에게 그 지역의 새로운 통치자로서 자신들의 위상을 확인시키는 일이었다(Andaya 2001: 47-48). 그 목적의 일환으로 그들은 신성한 빨렘방의 기원을 통해 자신들이 스리비자야 왕국의 적법한 후계자임을 천명한 것으로 볼 수 있다.

15세기 멀라까의 술탄 만수르 샤가 황실에서 중국의 사절단을 접견하는 장면. 15세기 초 창립 직후 멀라까 해협을 거점으로 동남아의 새로운 해상무역 왕국으로 부상하기 시작한 멀라까 왕국은 말레이 반도 북부까지 세력을 확대한 시암(현 태국)의 견제를 받았다. 그 영향력으로부터 벗어나기 위한 한 방편으로 멀라까의 술탄들은 중국과 긴밀한 외교적 관계를 맺었다.

빨렘방에 기원을 두고 있는 멀라까 왕국의 신성한 왕권은 다울랏과 더르하까 개념에 의해 더욱 강화되었다. 고전 아랍어로 장수long life를 의미하는 다울랏을 말레이 사회에선 일반적으로 다음과 같은 개념으로 인식한다.

다울랏은 왕권과 관련해 여러 개념을 갖고 있다. 말레이인은 일반적으로 다울랏을 왕이 지닌 초자연적인 힘으로 인식한다. 그 힘은 왕과 그의 명령 및 품위를 보호하고, 그의 초자연적인 행위를 합리화한다. 요약해서 다울랏은 왕권의 신성함을 정당화하는 기본 개념이다(Moy 1978: 134-135).

술탄은 즉위와 함께 다울랏을 부여받으며, 이때부터 그는 신성한 왕권의 소유자로 이전의 자신은 물론 왕가의 다른 구성원들과 차별성을 갖는다. 영국 식민지 정부의 관료이며 학자였던 윌킨슨R. J. Wilkinson은 뻬락 주에 있는 한 술탄의 즉위식을 통해 새로운 군주에게 다울랏이 부여되는 과정을 다음과 같이 묘사하고 있다.

그 의식은 새로운 술탄에 대한 정화식lustration으로 시작한다. 왕이 바나나 나무통에 앉으면 의식을 주관하는 다또 스리 디라자Dato Seri Diraja가 바나나 잎을 통해 술탄의 어깨 위에 물을 붓는다. 그런 다음 다또는 술탄을 향해 산스크리트어로 치리chiri(공식적인 즉위식 주문)를 반복해서 낭송한다. 이 의식이 끝나면 술탄은 왕의royal dress를 입고 옥좌에 앉는다. 이어 황실의 악사들nobat이 음악을 연주하는 동안 술탄은 옥좌에 앉아 미동도 하지 않는다. 연주가 끝나면 이슬람 사제가 등장해 "신이시여 나는 지구상에 신의 대리자로서 칼리프Caliph를 임명했다"라는 꾸란의 구절을 외치며 새로운 술탄에게 신의 은총을 기원한다. 이후 참석자 개개인은 술탄에게 다가가 머리를 조아리며 이마와 입술을 그의 무릎에 대며 충성을 맹세한다. 그런 다음 모든 참석자들은 다울랏 뚜안꾸!Daulat tuanku!(술탄 만세!)를 합창한다(Wilkinson 1932: 78-79).

전통 말레이 사회에서 즉위식을 통해 다울랏을 부여받은 술탄은 지상에 있는 신의 대리자로서 간주되었다. 따라서 그의 권한에 도전하거나 불복종, 즉 더르하까를 저지르는 것은 곧 신에 대해 죄를 짓는 것으로 여겨졌다. 더욱이 더르하까를 저지른 사람은 누구나 성난 초자연적인 힘으로부터 보복—말레이어의 표현으로 띰빠 다울랏 timpa daulat(천둥벼락을 맞다)—을 당한다고 믿었다(Gullick 1965:

114

발라이 빤짜 뻐르사다(Balai Panca Persada)로 불리는 피라밋 모양의 단상. 이 단상은 술탄의 즉위식에서 전통적인 목욕의식을 행할 때 사용된다. 이 단상은 힌두, 불교 세계관에서 우주의 중심축인 메루산(Mount Meru)을 본떠 만들었다. 목욕의식은 메루산 정상에 앉아있는 왕이 백성의 번영을 위해 생명의 물을 아래로 흘리도록 명한데서 유래했다. 이처럼 말레이시아의 술탄제는 힌두, 불교적인 요소와 결합되어 있음을 알 수 있다.

44-45; Andaya 2001: 47).

『스자라 멀라유』는 멀라까의 왕들의 그들의 전설적인 조상인 빨렘방의 왕자 스리 뜨리 부아나와 그 지역의 한 지방 우두머리인 드망 르바르 다운Demang Lebar Daun과의 협약을 통해 다울랏을 획득했음을 전하고 있다. 그 양자가 맺은 협약의 내용을 소개하면 다음과 같다.

드망 르바르 다운은 대답했다: "존귀하신 분, 당신의 미천한 하인인 본인의 후손은 당신의 신하가 될 것입니다. 그러나 그들은 당신의 후손에 의해 잘 보살핌을 받아야만 합니다. 만약 그들이 저지른 과오가 아무리 중대하다 할지라도 그들에게 저주스런 말로 부끄러움 또는 불명예스러움aib: shame을 주는 것을 삼가 주십시오. 차라리 그들의 과오가 무거우면 이슬람 율법에 따라 그들을 사형에 처하십시오.”

스리 뜨리 부아나는 응답했다: “나는 당신의 요구에 동의한다. 그러나 나는 당신에게 한 가지 사안을 요구한다.”

드망 르바르 다운이 그 사안이 무엇이냐고 묻자 스리 뜨리 부아나는 대답했다: “만약 나의 후손이 당신의 후손을 아무리 압제하고 악하게 행동하더라도 그들은 결코 나의 후손에게 불복종해서는 안 될지어다.”

그러자 드망 르바르 다운은 말했다: “존귀하신 분, 좋습니다. 그러나 만약 당신의 후손이 이 협약을 어기면 나의 후손도 그렇게 할 것입니다.” 그러자 스리 뜨리 부아나는 응답했다: “좋다, 나는 이 협약에 동의한다.

이로써 양자는 협약을 어기는 사람은 누구나 전지전능한 신에 의해 집이 뒤집어져 지붕은 땅에 떨어지고 기둥이 비틀어지는 벌을 받을 것을 엄숙히 맹세했다(*Sejarah Melayu* 1970: 16).

상기 협약 내용 중 “만약 당신의 후손이 이 협약을 어기면 나의 후손도 그렇게 할 것입니다”라는 구절만을 보면 마치 지배와 피지배 관계에 상호성이 내포된 것으로 보인다. 그러나 이 구절을 “만약 나의 후손이 당신의 후손을 아무리 압제하고 악하게 행동하더라도 나의 후손에게 불복종해서는 안 될지어다”와 “전지전능한 신에 의한 벌”과 연관지어 해석해 보면 사실상 피지배자는 여하한 경우에도 지배자에게 복종해야하고 그렇지 않을 경우 지배자는 피지배자를 엄벌에 처할 수 있는 한편, 피지배자에 대한 지배자의 과실은 단지 신만이 단죄할 수 있음을 암시하고 있다. 이런 점으로 미루어 보아 상기 협약은 지배자와 피지배자 간의 상호성보다는 다울랏과 더르하까 개념을 바탕으로 지배자의 신성한 왕권을 합리화하는 것으로 보

말레이시아 술탄제의 근간을
이루고 있는 이슬람의 전파에
인도의 무역상들이 중요한 역

는 것이 타당하다.

　멀라까 왕국으로의 이슬람의 유입은 제3대 통치자인 술탄 무함마
드 샤Sultan Muhammad Shah(재위 1424-1444)가 초대 무슬림 왕으
로 등극하면서 본격화되었다. 이슬람의 유입이 멀라까 왕권의 이념
과 관련해 중요한 점은 그 종교가 힌두교의 데바라자devaraja 또는
god king 왕권개념의 영향을 받아 신성한 왕권의 이념이 말레이 사
회에 이미 확립된 뒤에 시작되었다는 사실이다. "정의롭지 못한 왕
에게 정의를 설파하는 것은 지고의 성전jihad이다"라는 예언자 무함
마드Prophet Muhammad의 가르침에서 보듯 무슬림 통치자는 어
명royal command을 수행함에 있어 이슬람의 도덕적 가치에 위배될

경우 피지배자에게 충성을 기대할 수 없다(Muhammad 1964: 291).
그러한 이슬람의 정치철학은 분명 술탄에 대한 절대복종이 이슬람
적 가치와 상충됨을 시사한다. 그렇다면 멀라까 왕국 초기에 확립되
어 19세기 말까지 전통 말레이 사회에서 지배와 피지배 관계에 핵심
적인 이념으로 지속성을 유지한 신성한 왕권과 이슬람의 관계를 어
떻게 설명할 수 있을까?

　이슬람과 말레이 왕권과의 관계를 연구한 밀너A. C. Milner는 오늘
날 이슬람 원리주의자의 시각에서 볼 땐 당연히 멀라까의 신성한 왕
권은 꾸란의 가르침과 상충되지만, 당시 말레이 군주들은 이슬람과
결합된 중세 페르시아 왕권의 이념과 수피즘Sufism(신비주의 이슬
람)을 채택함으로써 자신들의 왕권의 위상을 유지했다고 주장한다.
중세에 샤리아sharia(이슬람법)를 바탕으로 하는 사회는 이슬람 세계
에서 단지 하나의 이상에 불과했다. 당시 칼리프 제도는 옛 페르시아
제국의 심장부로부터 멀지 않은 곳에 위치한 바그다드에 중심을 둔
압바시드 정권 시기의 페르시아의 군주제에 근간을 두고 있었다. 페
르시아의 군주는 "지상에 있는 신의 그림자God's Shadow on Earth"
로 묘사되었다. 이슬람 칼리프가 그 신성한 왕권의 이념을 채택하면
서 이슬람 세계에 새로운 유형의 군주가 출현했다. 칼리프의 이마 주
위에서 "예언의 빛light of prophecy"이 발했고, 칼리프의 신하는 그
앞의 땅에 입맞춤을 하며 한때 신에게만 드렸던 경의를 표하는 한편
그를 신성한 축복을 내려주는 자로 믿었다(Milner 1985a: 28).

　현존하는 몇몇 사료들은 페르시아 군주제의 영향을 받은 신성한
무슬림 왕권과 신비주의적 이슬람인 수피즘이 말레이 세계에 전파
되었음을 보여주고 있다. 빠세이의 통치자인 메라 실루Merah Silu

는 이슬람으로 개종하여 술탄 칭호를 받았고, 한 집회에서 관료와 백성들은 그를 "지상에 있는 신의 그림자"로 선포했다. 『스자라 멀라유』도 다음과 같은 유사한 맥락의 서술을 담고 있다.

> 정의로운 왕자는 한 줄에 꿰어있는 두 개의 보석처럼 신의 예언자와 동일하다. 더욱이 왕은 신의 대리자임으로 그에게 당신의 임무를 행할 때 신에게 하듯이 하라(*Sejarah Melayu* 1970: 27).

빠항 주의 법전과 17세기에 쓰여진 『따즈 알 살라띤Taj al-salatin』 또한 왕의 지위를 설명하기 위해 "한 줄에 꿰어있는 두 개의 보석"이란 표현을 사용하고 있다. 특히 빠항의 법전은 꾸란의 수라 XI 30 구절, "신은 그의 대리자로 아담을 지상에 보냈다"를 "신은 그의 대리자로 왕raja을 지상에 보냈다"고 번역하고 있다(Milner 1985a: 28).

이슬람으로 개종한 멀라까 왕들의 관심을 사로잡은 또 하나의 신성한 무슬림 왕권의 이념은 수피즘, 특히 절대자와 본질적으로 완전한 일체를 실현한 성인을 의미하는 "완전인Perfect Man" 교리였다. 『스자라 멀라유』에 따르면 술탄 만수르Sultan Mansur(재위 1456-1477)는 신비주의에 깊은 지식을 갖고 있는 마우라나 아부 이삭 Maulana Abu Ishak의 한 제자인 마우라나 아부 바까르Maulana Abu Bakar에 깊은 인상을 받았다. 마우라나 아부 바까르는 그의 스승이 저술한 『두루 만즘Durr Mandzum』을 멀라까로 가져가 술탄 만수르의 관심을 샀다. 술탄 만수르는 그 책을 무슬림이 되면서 신비적인 마력을 얻은 것으로 알려진 빠세이 왕에게 보내 설명을 부탁했다. 또한 그는 빠세이 왕에게 "천당에 있는 자들과 지옥에 있는 자들은 영원히 그곳에 머물러 있습니까?"라는 질문을 했다. 그는 빠세이로부터 "그들은 그들 각각의 장소에 머물러 있다"는 기대에 미치지 못하는 원칙적인 답변을 받았다. 그러나 두 번째 답변을 받고 술탄 만수르는 만족했으나 『스자라 멀라유』는 그 답변에 대해서는 기록하고 있지 않다(Milner 1985a: 28-29).

몇몇 학자들은 술탄 만수르의 질문과 빠세이 왕의 형이상학적인 답변은 곧 각각 13세기와 15세기에 쓰여진 신비주의적 이슬람 서적들로 "완전인" 개념의 발전에 기여한 『아라비Arabi』와 『질리Jili』가 말레이 세계에 알려졌다는 증거라고 주장하고 있다. 왕권의 이념에 수피즘의 영향은 북 수마트라 출신의 한 수피의 시에서도 나타난다. 이 시는 술탄 알라우딘 리아얏 사Sultan Alauddin Riayat Shah의 위상을 묘사하면서 왈리wali, 까밀kamil 그리고 꾸뚭kutub이란 용어를 사용했다. 아랍어로 왈리는 성인을, 까밀은 신성적 완벽을 그리고 꾸뚭은 모든 성인의 우두머리를 뜻하며 이러한 용어들은 당시 완전인의 일반적인 유형을 서술하는 표현이었다(Milner 1985a: 30).

14세기 초 멀라까 왕국의 성립 초기에 힌두적인 요소를 바탕으로 이미 그 틀을 갖춘 말레이 세계의 신성한 왕권은 이슬람이 도입된 이후에도 멀라까의 군주들이 그에 상응하는 신성한 무슬림 왕권을 채택, 융합함으로써 그 근간을 유지했다. 원리주의 성향의 이슬람적 기풍이 단지 한 이상에 불과했던 중세 이슬람 세계에서 페르시아의 영향을 받은 신성한 무슬림 왕권의 이념과 신비주의적 수피즘은 이단시되지 않았다. 따라서 신성한 왕권을 강화하기 위해 이슬람적 요소를 선택적으로 받아들인 말레이 왕들은 결코 이단적인 무슬림으로 간주되지 않았다. 14세기와 15세기에 각각 말레이 세계를 방문했

던 무슬림 여행자인 이븐 바투타Ibn Batuta나 마 후안Ma Huan이
당시 제설혼합적인 이슬람syncretic Islam을 신봉했던 말레이인을
영적으로 느슨한 무슬림이라고 기록하지 않은 사실이 당시 이슬람
에 대한 그러한 시대관을 반영한다.

2. 군주-관료-백성 관계: 왕권의 실제적 고찰

과연 이상에서 고찰한 신성한 왕권은 군주에게 절대권력을 보장해
주었는가? 반면 관료와 백성은 여하한 경우에도 그에게 절대적인 충
성을 바쳤는가? 만약 그렇지 않았다면 신성한 왕권이념 이외에 전통
말레이 사회의 지배와 피지배 관계를 설정하는 다른 기제는 무엇이
었을까? 이상의 질문을 바탕으로 왕권이 실제적으로는 어떻게 기능
했는가를 군주와 관료, 그리고 백성의 관계를 통해 고찰해 본다.
『스자라 멀라유』는 여러 에피소드를 통해 전통시기 말레이 군주와
관료의 관계를 비교적 상세히 보여주고 있다.

락사마나는 븐다하라 스리 마하라자가 멀라까의 새로운 군주가 되기 위
해 음모를 꾸미고 있다고 술탄 마흐무드 샤에게 밀고했다. 술탄은 븐다하
라가 자신에게 그의 딸을 보여주는 것을 꺼려한 점으로 미루어 보아 그가
불만을 품고 있다고 생각하고 있던 터라 락사마나의 밀고를 사실로 믿었
다. 그 밀고에 대한 진위를 파악하지도 않은 채 술탄은 븐다하라를 사형에
처하도록 명령했다. 명령을 수행하기 위해 술탄의 사자가 븐다하라의 집
에 도착하자 무장한 븐다하라의 수하들은 그 사자의 주위를 에워쌌다. 븐
다하라의 아들인 뚠 하산 뜨망공은 싸울 준비를 하고 있었다. 그러자 븐다

하라는 그의 아들에게 "하산, 너는 너의 군주에게 반역하여 조상의 명예를 더럽히려 하느냐? 자신의 군주에게 결코 반역하지 않는 것이 말레이인의 관습이다"라고 꾸짖었다. 그러자 뜨망공과 그의 수하들은 모두 무기를 거두었다. …… 븐다하라는 "나는 신의 계시에 따른 명령은 무엇이든 받아들인다"라고 대답했다. 븐다하라는 사형에 처해졌고, 그의 모든 수하들 역시 그와 함께 죽음을 맞이했다(*Sejarah Melayu* 1970: 157).

븐다하라 스리 마하라자의 에피소드는 군주와 관료의 관계를 짐작해 해주는 몇 가지 단서를 제공한다. 우선 술탄 마흐무드 샤Sultan Mahmud Shah가 밀고에 대한 면밀한 검토도 없이 븐다하라를 사형에 처하도록 명령한 것은 관료에 대한 군주의 절대적인 권력을 예시한다. 또한 븐다하라가 군주의 명령을 어겨 더르하까를 저지르는 일을 금기시하고 있고, 더욱이 군주의 명령을 신의 명령과 동일시하며 죽음을 맞이한 점은 군주의 신성한 왕권에 대한 관료의 절대복종을 보여준다. 그러나 그의 아들과 부하들이 군주가 보낸 사자와 싸울 준비를 했다는 점은 경우에 따라서는 관료가 군주의 절대 권력에 저항할 수도 있음을 나타낸다.

멀라까 왕국의 시대상을 전해주는 또 하나의 사서인 『뚜팟 알 나피스Tufat Al-Nafis』(진귀한 선물)의 머갓 스리 라마Megat Seri Rama에 관한 에피소드는 븐다하라 스리 마하라자의 에피소드와는 대조적인 군주와 관료의 관계를 보여준다.

조호르 주의 술탄 마흐무드가 잠을 자고 있는 동안 한 신하가 그를 위해 잘 익은 잭 후르츠jack fruit를 가지고 왔다. 그때 영향력 있는 홀루발랑

hulubalang인 머갓 스리 라마의 아내가 그 과일을 한 입 먹고 싶어 했다. 그러자 그녀가 임신 중이란 사실을 알고 신하는 그녀의 청을 들어주었다. 그러는 사이 잠에서 깬 술탄은 자신의 과일을 다른 사람이 먹은 흔적을 보자 신하는 그에게 사실을 고했다. 술탄은 화를 내며 그 여인의 배를 갈라 태아를 꺼내도록 명령하자 신하는 그의 명령대로 했다. 이 사실을 전해들은 머갓 스리 라마는 술탄에게 복수를 다짐했다. 술탄 마흐무드는 포악한 통치로 악명 높은 터라 븐다하라와 다른 영향력 있는 관료들은 술탄을 살해하려는 머갓 스리 라마를 제지하지 않았다. 그러자 머갓 스리 라마는 군주에게 더르하까를 저지를 것을 공개적으로 선언했다. 그리고 술탄이 금요일 집단예배 차 사원을 방문한 것을 틈타 그를 살해했다(*Tufat Al-Nafis* 1982: 34).

군주의 명령에 순응해 죽음을 택한 븐다하라 스리 마하라자의 태도와 비교해 볼 때 아내를 죽인 술탄에 대한 머갓 스리 라마의 복수는 분명 군주와 관료관계에 있어 양극을 보여주고 있다. 그러나 이 두 에피소드에서 한 가지 공통점을 발견할 수 있다. 그것은 븐다하라 역시 머갓 스리 라마처럼 마음먹기에 따라서는 군주에 저항할 수 있었다는 점이다. 특히 군주가 정의롭지 못할 경우 관료가 왕위 찬탈을 통해 새로운 군주로 등극할 수 있음을 암시하고 있다. 사실상 조호르의 술탄 마흐무드 이외에도 전통시기에 술탄 아부 샤히드 Sultan Abu Shahid(재위 1444-1446)와 술탄 알 라우딘Sultan Alauddin(재위 1477-1488)이 영향력 있는 관료에 의해 왕위찬탈을 당했다(Khoo 1991: 20). 이는 다울랏과 더르하까 개념에 기초한 신성한 왕권이 실제적으로 군주의 관료에 대한 절대권력 또는 관료의 군주에 대한 절대 복종을 담보해 주지 못했다는 증거라 할 수 있다. 그러나 그러한 소수의 극단적인 경우를 제외하고 말레이 전통사회에서 전반적으로 관료는 군주에게 충성을 바쳤음이 분명하다. 반면 영향력 있는 관료에 의해 언제라도 왕위찬탈의 위험에 직면할 수 있는 가능성을 고려해 군주는 그들을 견제하기 위해 법적, 제도적인 장치는 물론 여러 다른 수단과 방법을 강구해야만 했던 것도 사실이다. 그렇다면 신성한 왕권이념 이외에 군주와 관료 간의 지배와 피지배 관계를 유지해 준 다른 기제는 무엇일까?

우선 그 기제 중 하나로 멀라까 왕국 초기에 정착된 관료제도를 꼽을 수 있다. 멀라까 왕국의 법전인 『운당 운당 멀라까Undang-Undang Melaka』는 술탄을 정점으로 그를 보필하는 고위 관료들의 지위와 역할을 체계적으로 명시하고 있다. 술탄 바로 아래 최고위직은 오늘날 총리에 해당하는, 즉 국사의 전반을 관장하는 븐다하라Bendahara였다. 그 밑의 관료는 현대 재무부장관의 역할과 비교되는 왕국의 모든 세입지출을 관장하는 뻥후루 븐다하리Penghulu Bendahari로서 그는 항구를 관장했던 샤흐반다르Syahbandar의 우두머리였다. 제3의 위치를 차지한 관료는 왕국의 안보와 치안을 담당하는 뜨망공Temenggung이었으며 오늘날 경찰청장과 비교할 수 있는 직책이다. 그 다음의 서열은 군사행정과 군주의 경호 역할을 맡았던 락사마나Laksamana로서 오늘날 국방부장관에 해당하는 직책이라 할 수 있다. 그들 밑엔 오랑 버사르 버사르Orang Besar-Besar라 하여 다양한 타이틀을 갖고 있는 귀족들이 있었는데 이들 개개의 권한과 역할은 법전에 명시되지 않았다(Liaw 1976: 86).

군주가 주로 의식 및 의전의 역할을 담당하는 한편, 왕국의 제반 행정사를 실질적으로 담당한 사람들은 바로 그들이었다. 그들은 중요한 국사를 회의체제Mesyuwarat Bicara를 통해 논의했고, 그 결정은 만장일치mufakat를 통해 이루어졌다. 이 제도는 군주의 권력남용을 막는 한편, 국사의 실질적인 관장을 통해 막강한 영향력을 행사하는 관료들의 군주에 대한 도전을 억제하는 기능을 하면서 군주와 관료와의 관계에 있어 견제와 균형의 역할을 하는 장치였다(Andaya 2001: 50-51).

군주는 왕권의 강화를 위해 법전에 관료들과 차별되는 군주 또는 왕족만의 특권을 명시하고 있다.

그 첫 번째는 의복의 색깔에 관한 규정으로 노란색은 그들만이 독점적으로 사용할 수 있는 색깔로 만약 군주의 허락 없이 노란색 의복을 입은 자는 사형의 벌을 받도록 되어 있다.

두 번째로 언어에 관한 규정은 군주만이 사용할 수 있는 특정한 용어 또는 말을 규정해놓고 있으며, 다른 사람이 군주의 허락 없이 그 용어를 사용할 경우에도 마찬가지로 사형에 처하도록 했다.

세 번째는 군주의 어명집행에 관한 규정으로 만약 다른 사람이 군주의 명령을 사칭하면 그 또한 사형의 벌을 받도록 명시하고 있다.

끝으로 의식 및 의전에 관한 규정은 왕족만이 행차 시 파라솔과 카펫을 사용할 수 있으며, 장례식 때 군주 이외의 다른 사람이 동전을 뿌리거나, 시신을 노란 천으로 덮는 것, 그리고 허락 없이 노란색 손수건을 사용하는 것을 금했으며, 이를 어길 시엔 재산을 압류 당하는 벌을 받도록 했다(Liaw 1976 :64-68).

멀라까의 군주가 관료의 충성을 확보하기 위해 심혈을 기울였던 또 하나의 기제로 의식 및 의전행사를 들 수 있다. 특히 엄숙한 의전 절차를 통해 관료들에게 타이틀과 지위를 수여함으로써 그들의 정치, 사회적 위상과 역할에 정통성을 부여하고 그들에게 분명한 소속감을 심어주었다. 또한 개인의 이익보다는 공동체의 조화를 중시하며, 특히 스리 뜨리 부아나와 드망 르바르 다운 간의 전설적인 협약이 암시하듯 사형보다 불명예스러움 또는 창피 당하는 것을 더 무거운 형벌로 간주하는 말레이인에게 그들이 군주로부터 수여 받은 칭호와 지위는 더할 수 없는 명예스러운 가치였다. 더욱이 현세에서 얻은 지위와 칭호는 내세에서도 존중된다고 믿는 말레이인에게 군주는 칭호와 지위의 수여를 통해 자신에 대한 충성이 신에 의해서도 보답받을 것이라고 암시할 수 있었다(Milner 1985a: 26; 1985b: 160).

군주와 관료의 관계에 있어서 멀라까 왕국의 국제무역으로 인한 국부의 축적은 부의 규모가 정치적인 힘, 곧 추종자의 규모로 인식했던 전통 말레이 사회에서(Milner 1982: 27) 반드시 군주에게 축복만은 아니었다. 왜냐하면 군주가 세속적인 일보다 의식 및 의전적인 일에 보다 관심을 기울이는 동안, 국사 전반을 실질적으로 담당했던 관료들이 부의 축적을 통해 군주의 왕권에 도전하는 정치적인 야심을 드러낼 수 있었기 때문이다. 따라서 군주는 항상 관료의 부 축적에 민감한 관심을 가져야 했으며, 그들이 부를 축적하는 것을 차단하기 위해 여러 수단과 방법을 강구해야만 했다. 반면 관료 역시 군주로부터 정치적 야심을 품고 있다는 의심을 받지 않도록 세심한 주의를 기울여야만 했다. 윌킨슨은 멀라까 왕국의 한 에피소드를 통해 부를 정치적 관점에서 인식했던 말레이인의 세계관을 다음과 같이 암시하고 있다.

한 귀족이 군주의 총애를 받아 락사마나의 자리에 올랐다. 어느 날 적의 함대가 다가오자 그는 저항을 포기해 아무런 대응을 하지 않았다. 그러자 군주는 그의 행동을 적과 내통해 자신에게 반역하려는 정치적 야심으로 생각했다. 그러자 죽음을 눈앞에 둔 락사마나는 그가 군주로부터 받았던 선물의 항목을 작성해 가난함을 강조하면서 군주에게 감사의 글과 함께 고별서신을 보냈다. 그러자 군주는 그에게 더 이상 죄를 묻지 않았다 (Wilkinson 1912: 70).

밀너 또한 전통 말레이 세계의 정치문화에 관한 연구를 통해 윌킨슨의 견해를 뒷받침하고 있다.

부를 의미하는 말레이어인 까야kaya는 권력 또는 소유재산을 함의한다. 말레이 세계에서 "까야"는 분명 정치적인 색채를 담고 있다. 왜냐하면 지역의 관료들을 "오랑 까야" 즉 "부유한 사람orang kaya"이라고 불렀다. 부자를 곧 권력자로 간주하는 것은 말레이인의 일반적인 경향이었다 (Milner 1982: 25).

사실상 전통시기에 부유한 관료들이 왕에 의해 희생되는 일이 흔했다. 『스자라 멀라유』는 한 븐다하라의 예를 통해 그 같은 사실을 보여준다.

사업에 참여해 한 번도 실패를 한 적이 없었던 븐다하라 뚠 무따히르 Tun Mutahir는 결국 무고한 죄로 술탄에 의해 사형에 처해졌고 그의 전 재산은 왕실에 귀속되었다(Milner 1982: 22 재인용).

전통시기 말레이 주의 상권 대부분이 중국인, 인도인 또는 아랍인에 의해 장악되었다. 따라서 말레이 주엔 막강한 말레이인 상업세력이 부재했다. 말레이이인은 주로 말레이 반도와 멀리 떨어진 지역에서 활발한 상업활동을 벌였다. 17세기 마까사르의 무역활동을 장악했던 상인들은 대부분 조호르, 빠따니 등지의 말레이 반도에서 온 사람들이었다. 밀너는 그 같은 당시의 현실을 부유한 관료에 대한 군주의 견제의 탓으로 해석하고 다음과 같은 결론을 내리고 있다.

말레이이인은 부를 정치적 차원에서 인식했다. 부유한 말레이이인은 곧 권력 있는 말레이이인이 되었다. 따라서 군주는 자신의 부를 증대시키기 위해 노력한 한편, 그의 신하들이 부를 축적하는 것을 견제했다. 토지가 풍부하고 이주현상이 흔해 인력의 통제가 어려웠던 말레이 세계에서 군주는 항상 추종자들의 충성을 위해 그의 잠재적인 경쟁자들의 부의 축적에 대한 경계심을 늦추지 않았다(Milner 1982: 28).

문쉬 압둘라Munshi Abdullah 역시 그 같은 사실을 뒷받침하는 기록을 남겼다.

말레이이인은 가난하면 아무 문제가 없다고 생각한다. 만약 그들이 아름다운 집, 대규모의 농장 등을 소유하고 있으면 군주는 그들의 부를 의심한다. 만약 그들이 그에게 부를 헌납하지 않으면, 그는 그들의 부를 강탈할 것이다. 만약 저항하면 군주는 그들에게 사형 또는 벌금형을 내릴 것이다(Abdullah bin Abdul Kadir 1969: 55-56).

사실상 19세기 전반에 영국식 교육을 통해 서구문명을 접한 말레이 사회의 한 선구적인 개혁가였던 문쉬 압둘라의 견해는 부를 정치적 차원에서 해석하기보다는 군주의 부에 대한 탐욕을 비판하기 위한 것이었다. 그러나 상기 고찰을 통해 그의 견해는 말레이 군주의 부의 축적을 관료에 대한 견제수단이기보다는 개인적 탐욕에서 비롯된 것으로 잘못 해석한 당시 유럽인들의 영향을 받은 것으로 보인다.

전통 말레이 사회의 군주와 백성rakyat과의 관계 특히, 군주에 대한 백성의 충성 또는 복종의 정도를 밝혀주는 사료는 극히 소수에 불과하다. 그나마 그 관계를 직접적으로 언급하는 사료는 더더욱 제한적이기 때문에 사가들은 말레이 격언이나 속담에 대한 유추해석을 통해 간접적으로 그 관계를 짐작하고 있다. 예를 들어 "열 척의 배가 입항해도 개들은 여전히 양다리 사이로 그들의 꼬리를 내린다"는 속담을 식민지 관료이며 학자였던 막스웰W. E. Maxwell은 "왕은 왕이 계승하고 또는 왕실에 다른 중요한 변화가 일어나도 백성은 여전히 그대로 남아있다"로 해석했다. 또한 그 속담을 "누가 왕이던지 간에 나의 손은 항상 이마로 올라간다(충성을 표한다)"와 연결지었다. 뿐만 아니라 그는 "작은 물고기는 큰 물고기의 먹이가 된다"는 속담을 "미천한 일반 백성의 운명은 위대한 지배자의 처분에 달려있다"로 해석했다(Chandra 1979: 18-19 재인용). 윌킨슨은 아래의 속담을 "일반 백성은 군주가 기회가 있으면 언제나 그의 열정에 심취하는 것을 당연하게 생각한다"는 것으로 해석하고 있다.

피톤(큰 뱀)은 닭을 좋아한다. 악어는 시체를 마다하지 않는다. 파리는 상처 난 피부에 앉는 것을 좋아한다. 벼룩은 머리에서 그의 자리를 잡는다. 물소는 물이 있는 곳이면 어디에나 뛰어든다(Chandra 1979: 19 재인용).

윈스테드R. O. Winstedt는 일반 백성이 군주의 명령이나 압정을 피할 수 없음을 "만약 하늘이 무너지면 손가락으로 하늘을 바칠 수 있을까?"라는 속담에 빗대 설명하고 있다(Chandra 1979: 20 재인용).

위 속담의 해석을 통해 전반적으로 일반 백성은 군주에게 충성과 복종을 바쳤음을 엿볼 수 있다. 그러한 사실은 분명 전통 사회에서 말레이인의 핵심적인 세계관으로 자리 잡은 신성한 무슬림 왕권과 결코 무관하지 않다. 피지배계층이 지배계층에 대해 집단적인 반항의 부재가 말레이시아 역사의 주된 특징 중 하나라는 점 또한 그 같은 사실을 입증해 준다(Alatas 1972: 100). 그러나 말레이인은 군주 또는 지배계층의 압정, 특히 강제노역kerah과 공출이 감내하기 어려울 만큼의 정도를 넘을 경우 지배자에 대한 집단적인 "반항defiance"보다는 군주의 영역을 벗어나 다른 곳으로 도주하는 "회피avoidance"의 방법을 통해 군주에 대한 그들의 불복종을 간접적으로 분출하는 사실 또한 전통 말레이 사회의 일반적인 현상이었음을 고려할 때(Alatas 1972: 105-106; Scott 1976), 신성한 왕권이 반드시 군주의 절대권력 또는 백성의 절대복종을 담보해 주지는 못한 것으로 보인다. 그렇다면 신성한 왕권이념 이외에 군주와 백성의 지배와 피지배 관계를 유지시켜 준 다른 부차적인 기제는 무엇일까?『스자라 멀라유』의 다음과 같은 구절을 통해 그에 대한 답을 구할 수 있다.

　　백성은 뿌리와 같고, 군주는 나무와 같다. 뿌리 없이 나무는 곧바로 서
있을 수 없다. 군주와 백성은 그렇게 함께 하고 있다.

　　이 구절은 멀라까의 군주제가 백성을 중요시하는 군주의 인식을
기초로 하고 있음을 시사하고 있다. 이 인식에 따라 말레이 군주제
는 지배자가 피지배자에게 충성과 복종을 요구하는 반대급부로 피
지배자를 보호하는 도덕적 규범 및 법적, 제도적 장치를 갖고 있었
다.

　　비록 멀라까의 왕들이 신성한 왕권이념의 근간을 유지하기 위해
이슬람적 요소를 선별적으로 수용했다 할지라도 이슬람의 수장으로
서 술탄의 백성에 대한 도덕적인 규범의 확립에 이슬람은 적지 않은
영향을 미친 것으로 보인다. 『스자라 멀라유』는 임종에 즈음에 술탄
알라우딘이 그의 왕위를 계승할 아들에게 백성의 보호를 강조한 유
언을 다음과 같이 전하고 있다.

　　나의 아들아, 이 세상은 영속하지 않는다는 점을 명심해라. 지구상에 살
고 있는 모든 생명체는 결국엔 죽는다. 영속하는 것은 신의 진리일 뿐이
다. 내가 죽더라도 신을 섬기는 일을 게을리 하지 마라. 백성의 재물을 불
법적으로 빼앗지 말라. 신은 가난한 백성을 너에게 위탁했다. 만약 그들이
곤궁에 처하면 신속히 그들을 도와라. 만약 그들이 부당한 희생자가 되면
그 문제를 철저히 조사해 시비를 가려라. 그러면 심판의 날 전지전능한 신
은 너에게 무거운 책임을 가하지 않을 것이다. 신은 모든 군주에게 그들의
백성에게 보인 태도에 대해 물을 것이다. 따라서 정의를 실천하고 부지런
히 문제를 해결하는 것이 너의 임무이다. 그러면 언젠가 너는 신으로부터

사랑의 보호를 받으며 영생의 길로 인도 받을 것이다(*Sejarah Melayu* 1970: 116-117).

『운당 운당 멀라까』는 군주의 자질에 대해 그는 자비롭고ampun, 베풀어야 하고murah, 용맹하며perkasa, 법을 확고하게 집행해야 한다melakukan hukumnya dengan kaharnya고 명시하고 있다(Liaw 1976: 66). 뿐만 아니라 멀라까의 왕실은 백성에게 영향을 미치는 중요한 국사를 결정하는 회의체제를 운영했고, 그 같은 국사는 참석자들의 만장일치로 결정하는 동시에 결정된 사항을 성실히 수행하도록 하는 제도적 장치를 갖고 있었다(Andaya 2001: 50).

이상의 왕권의 실제적인 고찰을 통해 전반적으로 군주는 백성에게 탐욕과 억압의 대상이기보다는 그들의 보호자로 인식되었던 반면, 백성은 그 보호의 대가로 군주에게 충성과 복종을 바친 것으로 보인다. 따라서 문쉬 압둘라가 말레이 군주제도를 신랄하게 비판하면서 그 주된 특징 중 하나로 군주의 탐욕과 억압을 부각시킨 것은 (Abdullah bin Abdul Kadir 1969) 그 제도의 근간에 대한 왜곡으로 간주해야 마땅하며, 그의 그러한 시각은 분명 식민지 전야에 식민지배를 정당화하기 위한 수단으로 군주제의 특징을 왜곡한 해협식민지의 영국인 관료의 영향에서 비롯된 것으로 볼 수 있다.

15세기 초 멀라까 왕국의 성립 초기에 기원설화와 다울랏, 더르하까 개념을 바탕으로 확립된 뒤 이슬람적 요소를 선별적으로 융합한 신성한 왕권이념과 지배와 피지배 관계를 설정하는 다른 부차적인 기제들을 통해 술탄제는 19세기 말 영국의 식민지배 전까지 말레이인의 존경과 경외 그리고 정체성의 구심점으로 확고한 자리를 굳혔다. 이러한 말레이 군주의 전통적인 위상과 역할은 식민지 및 전후 탈식민지 시기의 현대화를 거치면서도 근본적인 변화 없이 지속성을 유지했다.

II. 식민지배 시기 술탄

1. 영국 식민지배 시기

말레이 반도에 대한 영국의 식민지배는 1874년 1월 20일 뻬락 주의 술탄 압둘라Sultan Abdullah와 체결한 빵꼬르 협약Pangkor Treaty을 기점으로 본격화되었다. 이 협약의 핵심은 술탄이 "말레이 종교(이슬람)와 관습에 관한 사항을 제외한 모든 문제에 대해" 주재관Resident의 "조언advice"을 받아야 하는 주재관 제도Residential system의 도입이었다. 그 협약의 내용에 따르면 주재관의 역할은 술탄에게 조언을 하는 것으로 되어있으나, 사실상 그 제도는 당시 해협식민지인 싱가포르에 주재하고 있는 총독Governor의 명을 받아 반도에 파견된 주재관이 서구식 행정체제를 통해 술탄제를 매개로 말레이 사회를 통치하는 일종의 간접 식민지배 방식이었다. 그렇다면 영국 식민정부가 직접통치 대신 간접통치 방식을 택한 이유는 무엇일까? 이에 대한 고찰은 식민지배하 술탄의 전통적인 위상과 역할의 지속성과 관련해 중요한 단서를 제공한다.

1826년에 해협식민지의 건설을 통해 싱가포르, 뻬닝, 멀라까를 장

1874년 영국과 빵꼬르 조약을 체결한 뻬락의 술탄 압둘라. 이 조약을 시작으로 1914년에 조호르가 고문관을 받아들임으로써 영국의 말레이 반도에 대한 점진적인 식민지배화가 완성되었다.

악한 뒤 영국의 말레이 반도로의 세력 확장은 뻬락 주를 기점으로 1874년에 본격적으로 시작된 점을 감안할 때 그 행보가 점진적으로 진행되었음을 알 수 있다. 이 같은 점진운동은 무엇보다도 말레이 반도에는 통합된 효율적인 정부체제가 부재하다는 영국 관료들의 인식에서 비롯되었다. 특히 영국 식민성은 아홉 명의 절대군주가 각각의 주에서 서로 다른 양상의 통치권을 행사하고, 그들은 세속적인 영역을 직접 관장하지 않는 가운데 주의 권한과 역할이 중앙과 지방의 관료에게 분산되어 있었다. 그 결과 영국은 그들 간의 잦은 권력다툼이 벌어지는 말레이 반도에 식민통치를 위한 효율적인 중앙정부를 신설하기가 용이하지 않다는 판단하에 적극적인 진출을 꺼려

했다(Emerson 1964; Cowan 1961: 163; Gullick 1965). 따라서 최소한의 행정적인 변화를 통해 효율적인 식민지배를 구사하려는 전략으로 말레이 반도에 대한 합병을 통한 직접통치 방식은 처음부터 배제되었다. 그 결과 영국은 기존의 전통 말레이 통치제도를 가급적 유지하는 선에서 간접통치 방식을 도입하게 되었다.

따라서 술탄을 매개로 말레이 사회에 대한 영국의 간접식민지배의 도입은 술탄제의 정치, 사회적 효용성에 대한 인식에서 출발하지 않았음을 알 수 있다. 그럼에도 불구하고 영국이 1874년 뻬락 주를 시작으로 1919년 조호르 주를 식민지체제에 편입시킬 때까지 약 반세기 동안에 걸쳐 술탄제를 통한 간접지배를 확립시킨 이유는 무엇일까? 그 이유는 식민지배 초기 뻬락과 빠항 주에서 발생한 사건에서 말레이인의 존경과 경외 그리고 정체성의 구심점으로서 술탄이 보인 위상과 역할과 밀접한 관계가 있다.

1874년 초에 뻬락 주의 술탄과 체결한 빵꼬르 조약에 따라 영국은 그 해 말 버치J. W.W. Birch를 첫 주재관으로 임명했다. 그러나 버치는 임기를 겨우 일년 남짓 채우고 살해되었다. 밀너는 버치가 살해된 주요 동기를 술탄에게 단지 조언만을 하기로 한 협약의 내용을 넘어 전통 말레이 지배계층의 권한을 무시한 채 새로운 행정제도를 급진적으로 도입하려한 그의 시도와 연관짓고 있다. 부임 직후 버치는 자신이 직접 지방관료를 임명해 그들을 철저히 감독할 것을 결정했다. 술탄 압둘라와 고위 관료들은 버치의 그 같은 행보를 자신들의 주에 대한 영국의 직접통치를 위한 전조로 생각해 싱가포르의 총독에게 주재관이 뻬락 주를 위해 법을 제정하는 것은 빵꼬르 조약에 위배된다는 내용의 항의 서신을 보냈다. 이에 대해 총독은 주재관이 조약의 내용을 준수해야 한다고 재확인하는 한편, 뻬락 주의 행정 책임은 말레이 의회Malay council의 도움을 받아 영국 관료가 맡아야 한다고 답했다. 그러는 동안 1875년 10월에 뻬락 주가 영국에 의해 합병될 것이라는 소문이 파다하게 펴졌다(Milner 1985b: 169).

술탄과 관료들이 그러한 의구심을 품고 있는 가운데 주재관이 "영국 관료들이 뻬락 주의 판사 역할을 담당해 모든 범죄를 처벌하며, 또한 세입을 징수하고 주의 행정 전반사를 관장할 것"이라는 내용의 공포문을 발표했다. 바로 그 시점에 뻬락 주의 지배계층은 버치를 살해해 조약에 어긋나는 영국의 지배를 받아들일 수 없음을 확고히 했다. 이 사건으로 인해 압둘라 술탄의 유배를 포함해 뻬락 주는 영국의 군대에 의해 몇 개월 간 곤욕을 치렀으나, 사건 직후 영국의 식민성이 싱가포르의 총독에게 "합병은 물론 술탄의 이름으로 영국 관료가 뻬락 주를 지배하는 것을 허락할 수 없다"는 전문을 보낸 점으로 보아 이 사건은 분명 다른 말레이 주들과 조약을 체결할 때 영국 관료의 입장에 커다란 영향을 미쳤다(Milner 1985b: 169-170).

첫 주재관이 임명된 지 3년 뒤인 1891년에 빠항 주에서 발생한 소요는 말레이 사회에서 술탄제의 효용성을 보다 명확히 보여준 사건이었다. 빠항 주의 소요는 술탄 아흐맛Ahamd이 영국의 주재관 제도에 불만을 품자 술탄의 견해를 지지하는 관료인 다또 바흐만Dato Bahman과 또 라자To Raja가 주동이 되어 일으켰다. 비록 술탄이 그 소요를 공개적으로 지지하진 않았지만, 술탄이 소요 진압에 미온적인 태도를 견지했고, 더욱이 소요의 명분을 제고하기 위해 그의 이름이 이용된 점으로 보아 거사 전에 이미 술탄과 바흐만을 포함한 관료들 간에 밀약이 있었던 것이 분명하다. 그러한 사실은 술탄이 영국 관료들에게 말레이 사회에 있어 자신의 위상과 역할을 인지시키려는 의도로 해석될 수 있다(Aruna 1996: 133-170; Milner 1985b: 170-171).

1892년 4월에 또 라자가 내륙을 대대적으로 공격할 거라는 소문이 나돌았다. 이때 술탄은 아마도 영국 관료들이 그에게 만약 소요가 더 이상 확산되면 그에 대한 책임을 술탄에게 물을 것이라는 협박에 순응해 또 라자의 공격을 저지하기로 결심했다. 술탄은 또 라자에게 사신을 보내 만약 그가 소요에 가담하면 그것은 군주에 대한 반역, 즉 더르하까라고 경고했다. 또한 술탄은 주재관에게 갑옷을 내주면서 바흐만의 소요에 동조해 군주에게 반역하는 무리는 처단되어야 한다고 말했다. 그 결과 소요의 기세는 약화되기 시작했다(Aruna 1996: 133-170; Milner 1985b: 171).

1892년 4월을 기점으로 빠항 주의 소요는 진정국면을 맞이했으나, 그 소요는 이웃의 다른 주로 거점을 옮긴 관료들을 중심으로 1894년에 재발했다. 특히 뜨랭가누 주로 근거지를 옮긴 빠항 주의 소요는 술탄의 지지를 상실하자 이슬람 성인holy man인 응꾸 샤이드Engku Sayid를 새로운 지도자로 맞이했다. 따라서 그 소요는 이교도infidel에 대한 무슬림의 성전jihad을 강조하는 이슬람적 성격을 띠었다. 그러자 술탄은 소요의 진압을 위해 원정길에 오른 주재관에게 불멸의 부적으로 자신이 사용했던 팔찌를 주었다. 그는 또한 이슬람을 기치로 소요를 일으키는 것 역시 군주에 대한 반역이라고 선포했다. 그러자 응꾸 샤이드를 중심으로 한 소요 또한 지지력을 상실한 채 1895년에 그 막을 내렸다(Aruna 1996: 133-170; Milner 1985b: 171-172). 이처럼 빠항의 소요사태는 영국 관료에게 말레이 사회에 있어

군주제의 효용성을 확인시켜준 계기가 되었다.

삐락과 빠항 주의 소요사태는 군주제를 중심으로 하는 지배와 피지배관계가 말레이인의 세계관에 얼마나 확고하게 자리 잡고 있는가를 명백히 보여준 사건이었다. 이를 통해 영국 관료들은 말레이 사회에 대한 군주의 권한과 역할의 중요성을 재인식하게 되었다. 그 결과 군주제는 2차 세계대전 이전까지 영국관료들이 말레이 반도를 지배하는 동안 가장 각별한 관심의 대상이었다. 따라서 1874년 삐락 주에 간접지배 방식의 도입은 군주제의 정치, 사회적 효용성에 그 바탕을 두고 있지 않다 할지라도, 그 지배방식이 확립되는 데는 술탄의 역할이 중요한 영향을 미쳤다고 볼 수 있다. 뿐만 아니라 1920년대와 30년대에 걸쳐 영국이 시도한 여러 차례의 직접통치 시도가 매번 술탄의 완강한 저항에 부딪쳐 무산되었던 점을 고려할 때 간접지배의 정착과 시행에 있어 술탄의 역할을 폄하할 수 없다(Yeo 1982; Stockwell 1979: xiv).

영국의 관료였던 프랭크 스웻남Frank Swettenham은 주재관 제도를 축으로 하는 간접지배의 개념을 다음과 같이 언급하고 있다.

> 말레이 관습과 전통을 그대로 보존하고, 새로운 지배체재에 도움이 되는 사람들에게 관용을 베풀어 그들의 이익을 보장하는 한편 좋은 정부와 개혁적인 정책이 그들에게 도움이 된다는 것을 가르친다(Andaya 2001: 174 재인용).

이러한 개념에 바탕을 둔 간접지배 방식을 성공적으로 수행하기 위해 맨 먼저 해결해야 할 과제는 주재관 제도에 직접적인 위협을

영국의 식민지 관료들. 영국 식민지 정부는 말레이 반도의 원활한 식민통치를 위해 주재 관 및 고문관제도를 도입했다. 이로써 술탄들은 종교와 관습 의 영역을 제외한 모든 행정 적인 실권을 식민지 관료에게 넘겨야 했다. 그럼에도 불구하고 식민지 정부는 술탄들의 외관상 지위를 철저히 보장하는 정책을 통해 말레이 사회에서 그들의 전통적인 위상과 역 할의 보전에 힘썼다.

느끼는 말레이 지배계층, 즉 술탄과 그를 보좌하는 중앙 관료의 협조를 얻는 일이었다. 이를 위한 구체적인 수단으로써 영국의 관료가 관심을 쏟아야 할 당면과제로는 의무노역제도의 폐지와 중앙 재정 체제의 도입으로 인해 수입을 상실한 말레이 지배계층에게 재정적인 보상을 해주는 일이었다. 따라서 영국 식민정부는 술탄에게 그들의 외관적 위상semblance을 유지하기에 충분한 급여를 제공하는 한편 관료들을 식민지 체제의 관료로 편입시켜 그들에게 급여 또는 연금을 제공했다(Andaya 2001: 175).

　그밖에도 식민지 정부는 술탄에 대한 각별한 예우, 특히 성대한 즉위식을 통해 그들의 협조를 얻으려 노력했다. 이처럼 그들에게 협조적인 술탄을 적극적으로 후원하고, 중앙 관료들을 식민지체제에 편입시킨 영국 식민지 정부의 조치는 왕권에 대한 잠재적인 도전세력으로부터 술탄을 자유롭게 할 뿐만 아니라 그에게 관료의 급여 또는 연금에 대한 결정권을 줌으로써 그들의 전통적인 위상을 더욱 강화시키는 결과를 낳았다(Roff 1980: 15). 이와 관련해 꾸 께이 킴Khoo Kay Kim 교수는 다음과 같은 견해를 피력하고 있다.

　군주 위상의 안전 차원에서 영국 식민지배 동안 군주의 존재는 실제로 전통시기의 다른 어느 때 보다 멀라까의 법전인 『운당 운당 멀라까』와 『스자라 멀라유』가 구현하고자 했던 이상을 더 근접하게 실현했다(Khoo 1991: 21).

　그렇다면 술탄은 단지 그들의 외관적 지위의 유지와 왕권의 안위에 만족해 영국 식민지정부에 협조했을까? 사가들의 일반적인 견해처럼(Andaya 2001: 175; Roff 1980: 17-19) 그로 인해 과연 술탄은 자신의 주에서 종교와 관습에 관한 권한을 제외하고 모든 행정적 실권을 주재관에게 빼앗기고 명목상의 통치자figurehead로 남아있었는가? 『스자라 멀라유』는 그 궁금증을 풀어줄 구절을 다음과 같이 전하고 있다.

통치자는 관습적으로 행정의 문제에 직접 관여하기보다는 다만 좋은 결과를 얻는 데 관심을 기울인다(*Sejarah Melayu* 1970: 95).

이 구절이 암시하는 바와 같이 전통 말레이 사회에서 사실상 술탄은 의식 및 의전과 관련된 일에 관심을 집중하는 한편 행정제반사는 중앙 관료들이 담당했다. 따라서 슬랑오르의 술탄이 "자신은 행정적인 일과 관련해 문제가 없다"(Milner 1985b: 164 재인용)라고 말한 예에서 보듯, 식민지배하에서 예전처럼 관료에게 타이틀을 수여하고, 종교관료를 임명하고, 국가의 다양한 공식적인 전통 의식 행사를 주관하는 등 술탄은 종교와 관습에 관한 권한을 행사하면서(Andaya 2001: 175; Milner 1985a: 26) 자신들의 전통적인 권한과 역할에 위협을 느끼지 않는 한 영국 관료와 말레이 관료가 행정적인 일을 담당하는 것에 별다른 문제의식을 갖지 않았다. 이 사실에 입각해 술탄이 주로 자신의 외관상 지위 유지와 왕권의 안위를 위해 식민지 정부에 협조했다고 볼 수 없으며, 식민지배하에서 그가 행정권을 박탈당해 명목상의 통치자로 머물러 있었다는 견해 또한 술탄의 권한과 역할에 대한 적절한 해석으로 간주할 수 없다.

그렇다면 영국의 식민지배가 일반 말레이 백성에게는 어느 정도의 영향을 미쳤을까? 이에 대해 꾸 께이 킴은 다음과 같이 언급하고 있다.

대다수의 말레이인은 그들의 전통적인 거주지를 떠나지 않았다. 새로운 유형의 교통 및 통신수단은 더 이상 강에 의존하지 않았다. 따라서 주로 강가 주변에 운집해 살고 있던 말레이인 대부분은 20세기의 새로운 기

술적인 발전에 영향을 받지 않았다. 말레이인 인구의 대다수는 (영국의 식
민지배하에서도) 계속해서 그 이전처럼 살았다(Khoo 1991: 164).

사실상 전반적으로 일반 말레이 백성은 식민지배하에서 일어난 현
대화 과정에 편입되지 못한 채 전통 사회체제를 그대로 유지하며 살
았다. 20세기 말레이 사회의 화석화에 가장 중요한 원인 중 하나는
식민지 경제체제의 효과를 극대화하려는 영국 식민지정부의 정책과
관련이 있다. 자본주의를 태동시킨 후기 빅토리아 시대의 영국인은
한 사회의 가난 또는 낙후의 원인을 그 사회를 구성하는 인종의 게
으른 속성 탓으로 여겼다. 따라서 그들의 시각에 "나태한" 말레이인
은 식민지 경제체제의 운영에 적합하지 않다는 판단하에 중국인과
인도인의 이주를 장려해 그들에게 광산 또는 재식농업plantation경
제의 하부구조를 담당하도록 했다.

한편 영국 식민지 정부는 "말레이 우대정책pro-Malay policy"이
란 명분하에 이민족을 일시적 체류자로 간주한 반면 말레이인을 말
라야(말레이 반도)의 주인으로 대우했다. 따라서 전술한 바와 같이
술탄 및 지배계층의 전통적인 권한과 역할을 보장하는 한편, 말레이
전통사회의 문화를 보호한다는 기치로 대부분의 말레이인을 농촌에
머물게 하는 정책을 취했다. 그러나 사실상 말레이 우대정책의 근본
목적은 말레이 사회의 안정과 질서를 통해 식민지 수탈의 극대화였
다. 이를 위해 식민지 정부는 말레이인의 지역적 이탈을 유발할 수
있는 여지를 봉쇄하기 위해 소규모의 상업작물을 재배하는 것조차
엄격히 제한하는 한편 단지 그들에게 자급자족을 위한 농사와 어업
에 종사하도록 장려했다. 이처럼 결코 말레이 사회에 대한 급진적인

변화를 원하지 않는 영국 식민지정부의 기본적인 입장은 말레이인에 대한 교육의 목적—"어부의 아들을 보다 나은 어부로, 농민의 아들을 보다나은 농민으로"—에도 잘 나타나 있다.

영국은 또한 간접 식민지배를 기저로 임대료의 징수, 지역 재판행정, 질서의 유지 등 말레이 사회와 직접적인 접촉이 요구되는 임무를 식민지 하급관료에 편입시켜 종전엔 지방관료에게 예속되었으나, 이젠 주재관의 명을 따르는 뼁훌루penghulu에게 담당케 했다. 이처럼 영국의 식민지배는 말레이인에 대한 지방의 행정 사에 있어서도 근본적인 변화를 초래하지 않았다. 그 결과 말레이인 대부분은 식민지배하 현대화의 흐름 속에서 주변적인 위치에 머물며 여전히 전통사회의 세계관을 유지한 채 살았다(Roff 1980; Milner 1985b: 173-174; Soh 1993: 12-18; Alatas 1977).

결론적으로 영국의 식민지배는 술탄의 전통적인 권한과 역할을 유지, 강화시킨 한편 말레이 사회의 화석화를 통해 말레이 사회의 존경과 경외 그리고 정체성의 구심점으로서 술탄의 위상에 별다른 영향을 미치지 못했다.

2. 일본 식민지배 시기

일본이 말라야를 점령하기 이전에 가장 관심을 가졌던 사안은 술탄과 이슬람에 대한 처리 문제였다(Akashi 1969: 81).

1. 이슬람의 수장으로서 술탄의 위상과 역할은 어떠한가? 말레이인에 대한 그들의 정치적 권한은 어떠한가?

2. 말레이 사회의 정신적 지주로서 그들에게 어느 정도의 권한을 보장
해 주어야 하는가?

3. 그들이 권한을 포기하도록 어떻게 설득해야 하는가? 그들의 권한과
역할을 이용해 말레이인이 일본에게 협력하도록 하려면 어떻게 해야 하는
가?

4. 이슬람 및 그와 관련된 전통을 어떻게 처리해야 하는가?

이상의 의문점과 관련해 일본의 정책 입안자들은 1941년 3월 "점
령남부지역의 행정원칙Principles of the Administration of Occupied
Southern Areas"을 통해 아래와 같은 개괄적인 정책을 수립했다.

술탄은 군사정부의 감독하에 명목상의 통치자로 남겨둔다. 군사정부는
점령지의 질서가 잡히면 자문기구advisory system로 대체한다. 말레이인
의 마음을 사기 위해 종교의 자유와 관습을 철저히 존중한다(Akashi 1969:
82).

이처럼 일본은 말레이 무슬림의 협력을 얻기 위해 이슬람을 처리
하는 문제와 관련해 구체적인 계획 없이 말라야를 점령했다. 그들은
그 문제와 관련해 단지 술탄의 처리에 관심을 두는 한편, 종교 학자
ulama, 까움 무다kaum muda로 알려진 이슬람 개혁론자 등 이슬람
그룹에 대한 어떠한 구체적인 계획을 세우지 않았다. 왜냐하면 일본
은 말레이인의 협력을 얻기 위해 말라야의 이슬람 집단의 이용을 고
려하지 않았기 때문이다. 요이치 이따가끼Yoichi Itagaki는 그 이유에
대해 다음과 같이 설명하고 있다.

（일본은) 말라야에는 종교적, 정치적 차원에서 대중에게 막강한 영향력을 발휘할 종교지도자가 부재하다고 판단했다. 왜냐하면 (말라야에는) 자바의 무함마디야Muhammadiyah나 나흐다뚤 울라마Nahdatul Ulama 또는 아쩨의 뿌사PUSA 같은 대중에게 영향력이 강한 이슬람 조직이 없었기 때문이다(Itagaki n.d.: 21).

그 결과 일본의 말라야 이슬람에 대한 정책은 점진적으로 수립되었다. 아래의 문서는 그 사실을 뒷받침해준다.

（말라야의) 무슬림을 특별히 고려할 정책은 필요할 것이다. 그러나 혁신적인 종교정책을 취하는 것은 시기상조이다. 우리의 종교정책은 그 지역의 현실에 따라 점진적으로 수립되고 시행될 것이다(Benda 1965: 32).

점령 첫해에 와따나베 와따루Watanabe Wataru 대령이 이끄는 말라야 군사 행정부MMA(Malayan Military Administration)는 심지어 술탄에게조차 관심을 두지 않았다. 그는 "우리의 목적을 달성하기 위해 술탄을 적절히 예우하며 그들을 이용하려는 계획은 가당치 않다"(Akashi 1969: 85)며 중앙 군부당국의 정책에 대해 냉소적인 입장을 보였다. 그 결과 비록 술탄은 종교의 수장으로서 그들의 지위를 유지했지만, 일본은 영국이 했던 것처럼 그들에게 급여를 제공하거나 다른 특별한 지위를 보장하지 않았다. 더욱이 1942년 초 종교위원회 Majlis Ugama의 해체로 술탄은 종교관료를 임명하는 권한마저 상실했다.

그러는 동안 전세가 불리해지자 일본은 말라야를 포함한 모든 점령지역에서 그들의 정책 전반을 재고하기 시작했다. 1942년 말경 군부의 문서를 통해 일본의 정책 변화 조짐을 엿볼 수 있다.

> 점령지 사람들의 마음을 얻을 필요성이 배가되었다. 각각의 군사정부는 점령지의 지도자들을 취급함에 신중을 기해야 한다. 그들의 위상이 제고되어야 한다(Benda 1965: 47).

중앙 군부의 새로운 정책에 따라 말라야의 군사정부는 술탄과 이슬람 지도자들에 대한 예우를 고려하기 시작했다. 1943년 1월에 싱가포르에서 말라야와 수마트라의 술탄들이 참석한 가운데 회의가 열렸다. 일본은 이 자리에서 술탄의 위상을 제고할 것을 다음과 같이 약속했다.

1. 그들을 술탄으로 인정한다.
2. 그들을 존중하며 이슬람의 수장으로 대우한다.
3. 그들에게 영국 식민지 정부가 제공했던 만큼의 급여를 제공한다.
4. 그들의 재산을 유지할 수 있도록 한다(*Syonan Shimbun*, 1943/1/22).

같은 해 4월 5일과 6일 이틀간에 걸쳐 말라야 군사정부의 지원하에 이슬람 지도자들을 위한 회의가 열렸다. 말라야의 각 주와 수마트라의 종교 지도자들에게 일본은 전쟁의 부담과 식량 및 생필품의 부족으로 인한 어려움을 함께 나눌 것을 요구하면서 그들의 이슬람과 관습을 존중할 것을 약속했다(Akashi 1969: 101).

1944년 8월에서 10월 사이에 말라야의 군사정부는 술탄이 종교위원회를 재구성하는 것을 허락하여 그들의 종교 관료에 대한 임명권을 회복시켜 주었다. 또한 일본은 각주에 총독을 의장으로 하는 자문 위원회를 설립해 술탄을 부의장으로 임명했다(Bamadhaj 1975: 171). 뿐만 아니라 일본은 같은 해 11월 꾸알라 깡사르에서 각주의 종교 위원회가 참석하는 회의를 개최해 술탄의 종교적 권한을 더욱 확대시켰다. 이 회의에서 일본은 술탄을 위시한 종교 지도자들에게 식량증산운동Grow More Food과 전쟁의 승리를 위해 그들의 협조를 당부하는 한편 참석자들이 종교축제, 범국민 차원의 중등학교 수준의 종교교육 등 말레이 무슬림에게 영향을 미칠 수 있는 다양한 주제들을 자유롭게 토의하도록 허락했다(*Syonan Shimbun*, 1944/12/18).

일제하에서 술탄과 종교 지도자들이 예전처럼 예우를 받는 대가로 그들은 말라야 군사정부의 대변자가 되었다. 따라서 그들은 말레이 무슬림과 잦은 접촉을 통해 그들에게 식량증산운동과 전쟁을 위한 일본의 여러 정책에 적극 협조할 것을 당부했다. 1944년 싱가포르에서 일본이 발행한 쇼난Syonan(일제하 싱가포르의 명칭) 신문은 군사정부에 협조하는 뻬락 주 술탄의 본보기를 다음과 같이 기사화 했다.

뻬락의 술탄 압둘 아지즈Abdul Aziz는 궁궐 앞 토지 40에이커 면적 중 짧은 시간 내에 30에이커 면적에 타피오카, 콩, 파파야, 목화, 파인애플 등을 경작했다. 술탄은 직접 농장에 나가 그것들을 경작했다. 그는 약 60명의 신하들과 함께 열심히 일했다(*Syonan Shimbun*, 1944/1/9).

일본은 말라야의 경제자립을 위해 식량 자급자족정책을 실시했다. 이를 위해 일본은 말레이인에게 쌀 생산의 증진을 강요하면서 전쟁의 와중에서 상업작물, 특히 고무의 수출이 중단되자 고무나무 농장을 벼농사와 타피오카, 옥수수, 고무 등의 부수 작물을 위한 경작지로 전환시켰다. 그러나 이 경제 자립정책은 전쟁 이전 말라야의 식량사정을 고려할 때 무모한 조치였다. 전쟁 이전 말라야에서 단지 북부지역의 세 개 주인 끄다, 뻐르리스, 끌란딴 만이 쌀을 잉여생산했으며 (Tan 1963: 4), 반도 전체의 자급자족률 37.5 퍼센트에 불과했다. 따라서 그 부족분을 위해 태국과 미얀마로부터 수입에 의존해야 했다(Mohammad 1987/88: 1). 그럼에도 불구하고 일본은 1943년 7월 곡창지대인 북부의 세 주를 태국에 양도했다(Lee 1981: 113). 이같은 상황 속에서 말라야의 자급자족 정책은 실현 가능성이 희박했다. 결국 일본의 자급자족 정책으로 인한 말라야의 심각한 식량 부족은 말레이인을 기아에 허덕이게 했다.

전쟁 중 농촌의 말레이인의 생계를 위협한 또 하나의 원인은 일본 군사정부의 강제 식량공출이었다. 말레이인은 일본이 정한 싼 가격으로 수확량의 대부분을 강매 당했다. 이러한 착취는 농촌의 자급자족을 파괴해 말레이 농민의 생계를 배급에 의존하게 만들었다 (Akashi 1980: 61). 그러나 그 배급마저도 불규칙적이어서 말레이인은 생존을 위해 타피오카 등의 구황작물에 의존해야 했다. 말레이인이 일제시기를 "자만 우비 까유Zaman Ubi Kayu"라 부른 데서 전쟁 중 그들의 식량사정의 심각성을 엿볼 수 있다(Abdul 1980: 82).

일본의 가혹한 착취에 더해 전쟁 중 중국인은 말레인의 생계를 여러 모로 위협했다. 식량을 직접 생산하는 농촌의 말레이인에 비해

주로 급여 또는 상업에 생계를 의존하는 도시의 중국인은 더욱 심각한 식량 궁핍에 시달렸다. 그들은 특히 암시장의 극성과 일본의 통화남발로 인한 극심한 인플레의 가장 큰 피해자였다(Foo 1986/87: 52-76). 그 결과 그들은 생계를 위해 말레이인의 전통적인 거주지인 농촌으로 이주해야만 했다. 도시 중국인의 농촌으로 이주는 영국 식민지배하에서 형성된 인종집단에 따른 경제의 역할 분담을 일시에 흔들어 놓았다. 생존마저 심각한 위협을 받는 심각한 경제난 속에서 말레이인의 전통적인 생활터전에 중국인의 갑작스런 침투는 말레인의 생존경쟁을 더욱 심화시키며 그들의 고통을 배가시켰다(Akashi 1980: 61).

뿐만 아니라 농촌에 사는 말레이인은 말라야 인민 항일군MPAJA (Malayan People's Anti-Japanese Army)으로부터 많은 위협을 받았다. 이 집단 대다수는 "나태한" 말레이인에 대한 인종적 우월감을 느끼며 그들의 생활관습을 비하하는 민족주의적 색채가 강한 중국인으로 구성되었다. 그 게릴라 집단은 빈번히 농촌 말레이인의 식량을 약탈하고 과중한 세금을 요구하면서 말레이인의 생계를 위협했다. 더욱이 그들은 일본의 협력자로 의심받는 말레이인을 무참히 살해했다(Akashi 1980: 67-68).

일본의 식민지배하에서 말레이인은 종교의 자유를 누렸다. 일본의 학정과 항일중국인으로부터 유래 없는 고통을 겪고 있는 말레이인에게 이슬람은 그들에게 정신적으로 큰 안식을 제공하며 "말레이다움Malayness"을 유지할 수 있는 유일한 통로였다. 더욱이 영국 식민지배하에서 대대적인 이민족의 유입으로 인한 인종 간 갈등으로 이슬람이 말레이인의 민족 정체성과 보다 긴밀하게 유착된 가운데 일제하에서 증폭된 인종 간의 갈등은 말레이인의 종교적 민족주의를 더욱 제고시켰다. 전쟁 말기 항일 게릴라들의 위협에 대항해 종교지도자를 중심으로 한 말레이인의 결집은 그 같은 사실을 잘 대변해 준다(Soh 1993: 159-161).

전쟁의 승리를 목적으로 말레이인의 협력을 얻기 위한 노력의 일환으로 말라야에서 일본의 이슬람 정책은 이슬람의 수장인 술탄에게 집중되었다. 따라서 일제하에서 술탄의 역할은 이전과 비교해 볼 때 매우 제한적이었다. 그럼에도 불구하고 일제하에서 이슬람이 말레이인에게 안식을 제공하며 "말레이다움"의 유지를 위한 유일한 대안일 뿐만 아니라 말레이 민족 정체성과 보다 공고한 관계를 맺으면서 이슬람의 수장으로서 술탄은 전쟁 중에도 간단없이 말레이인의 존경과 경외 그리고 정체성의 구심점으로 남을 수 있었다.

III. 탈식민지 시기 술탄

전쟁 직후 말라야를 재점령한 영국은 1945년 10월 10일 런던에서 말라야연합 안Malayan Union scheme을 공식적으로 발표했다. 이 안은 전쟁 이전의 연방말레이 주와 비연방말레이 주 및 싱가포르를 제외한 해협식민지를 하나로 통합해 총독을 정점으로 하는 강력한 중앙정부 체제로 전환시키는 것을 골자로 하고 있다. 이를 위해 말레이 술탄은 자신의 주에 대한 모든 통치권을 영국의 식민지 정부에 양도해야만 했다. 뿐만 아니라 말라야연합 안은 비말레이인에게 말레이인과 동등한 시민권을 부여하는 내용을 담고 있다(Lau 1991). 요약해서 이 안은 전쟁 이전 영국 식민지 정부가 "말라야는 말레이인의 나라"라고 강조했던 말레이 우대정책을 전적으로 파기하는 조치였다.

그렇다면 전쟁 직후 영국은 어떤 동기에 의해 말레이 우대정책을 파기하려 했을까? 본 연구의 주제와 관련해 두 가지 주요 동기를 꼽을 수 있다.

첫 번째 동기는 영국이 식민지의 행정적인 효율을 제고하려는 의도에서 비롯되었다. 전쟁 이전부터 영국은 말레이 주들을 직접통치하려는 시도를 여러 차례 했다. 그 중 하나가 탈 중앙집권화 또는 분권화 정책이었다. 말라야의 각각 다른 정부를 통제 또는 상대하면서 행정적인 비효율성에 대한 불만을 느끼고 있는 관료와 사업가의 요구에 부응해 영국은 1920년대와 1930년대에 연방말레이 주 정부의 분권화를 추진했다. 외견상 이 시도는 주재관 제도를 시행하고 있는 연방말레이 주의 행정체제를 고문관제도하에서 비교적 행정적으로 독립성을 유지하고 있는 비연방말레이 주와 동일한 차원으로 전환하려는 조치였다. 그러나 사실상 이 분권화 시도는 일차적으로 행정의 독립성과 관련해 연방말레이 주 술탄들의 불만을 완화시키는 동시에 비연방말레이 주 술탄들의 의구심을 사지 않으면서 궁극적으로는 말라야의 모든 주를 통일된 행정체제로 재 중앙집권화하려는 영국의 전략적인 서곡이었다(Yeo 1982; Stockwell 1979: xiv). 그러나 그 시도가 중앙집권화를 강력히 반대하는 술탄의 저항에 직면해 성사되지 못하자 술탄제를 "시대착오적인 제도"로 간주하는 영국 식민성의 개혁적인 관료들은 이미 전쟁 이전부터 그 제도에 대해 강한 불만과 회의를 갖고 있었다(Lau 1989: 223-224). 그들에게 전쟁 직후 새로운 환경은 전부터 그들이 의도했던 대로 식민지체제를 재구성할 수 있는 좋은 기회였다.

영국이 말레이 우대정책을 파기하기로 결정한 또 하나의 동기는 일본이 말라야를 침략하기 직전 술탄들이 보인 태도와 관련이 있다. 영국은 일본의 말라야 점령에 임박해서 술탄들을 호주 또는 인도의 안전한 장소로 피신시키려 했으나, 그들은 백성과 유리되는 것에 강한 거부감을 표시하며 영국의 제의를 거절했다. 더욱이 영국은 싱가포르의 함락 직후 술탄이 일본과 협력했다는 다음과 같은 보고를 받았다.

말라야의 모든 말레이인을 대신해 아홉 명의 술탄은 4월 11일 야마시따 Yamashita 준장을 방문해 일본 천황에게 충성을 맹세했다(CO 717/147).

술탄들의 이와 같은 친일 행동은 전쟁 이전 말레이 우대정책을 근간으로 그들의 위상과 역할에 지대한 관심을 기울였던 영국 정부에게 분명 심각한 배신감을 느끼게 한 한편 식민성의 관료들에게 술탄제를 유명무실화하는 구실을 제공했다. 결국 술탄들의 친일 협력은 전후 영국이 말라야연합을 도입하는 데 있어 그들을 압박하는 빌미로 이용되었다.

말라야연합을 도입하기 위해 영국이 취해야 할 우선적 과제는 말레이 술탄들을 설득해 전쟁 이전에 체결한 조약을 파기하고 그들과 새로운 조약을 맺는 일이었다. 그러나 새로운 조약이 술탄들의 모든 통치권을 영국 식민지 정부에 양도하는 내용을 골자로 하고 있는 만큼 그들을 설득하는 문제가 쉽지 않을 것으로 예상되었다. 영국은 그 임무를 1933년부터 1944년까지 탄자니아, 팔레스타인, 요르단에서 총독 그리고 고등판무관High Commissioner으로서 풍부한 식민지경험을 쌓은 해롤드 맥마이클Sir Harold MacMichal에게 일임해 1945년 10월에서 1946년 1월 사이에 그 임무를 완수하도록 했다. 영국은 새로운 조약의 체결을 관철시키기 위해 여러 방법을 이용했다. 그 중 하나는 술탄들의 친일 협력 혐의를 조사하고, 전쟁 중 일본이 임명한 술탄들을 인정하지 않음으로 해서 그들을 압박하는 술책이었다(Lau 1991: 100-101). 그 결과 각주의 술탄은 식민성의 면밀한 조사의 대상이 되었으며, 특히 일본에 협력한 술탄들에 대한 영국의 조치는 매우 단호했다.

> 말라야의 영국 군사령부는 술탄의 지위가 면밀히 검토된 뒤, (그들의 처리를 위한 구체적인) 지시가 내려질 때까지 그들에 대한 어떤 공식적인 인정도 유보해야 한다(WO 203/5462).

> (친일 협력을 한) 술탄은 가능한 한 빨리 신병을 확보해 면밀한 감시를 받도록 하며, 그들은 적절한 예우와 함께 특별한 죄수로 취급될 것이다. 그들은 외부와 어떤 접촉도 허락되지 않을 것이다(WO 203/5624).

말라야의 민사담당 부관Deputy Chief, Civil Affairs인 윌란H. C. Willan이 1945년 9월 8일부터 29일까지 술탄들을 개별적으로 만나 맥마이클의 원활한 임무수행을 위한 사전 정지작업을 벌였다. 술탄들과 면담을 통해 윌란은 그들에게 친일 혐의를 상기시키면서 새로운 조약에 대한 그들의 저항을 사전에 약화시키려 했다. 그는 조호르 주의 술탄 이브라힘Ibrahim과 첫 번째 면담을 마친 뒤 그 결과를 다음과 같이 보고했다.

술탄(이브라힘)은 친일혐의를 거론했을 때 아무런 심적 동요를 보이질 않았다. 그는 그 문제와 관련해 어떠한 죄의식도 느끼는 것 같지 않았다. 영국 정부가 새로운 헌법의 도입을 위해 그의 서명을 필요할 경우 술탄의 현 심적 상태를 고려해 접근해야 한다(WO 203/5635A, September 8, 1945).

슬랑오르 주의 뚱꾸 무사 에딘Tengku Musa Eddin과의 면담 후 월란은 "면담을 시작할 때 그는 매우 초조한 기색을 보였으나 (영국에 협조할 경우) 그에게 아무런 문제가 없을 것을 설명하자 안도하는 모습이었다"고 보고했다(WO 203/5635A, n. d.). 9월 17일에 월란은 끄다 주의 뚱꾸 바드리샤Tengku Badlishah와의 면담을 통해 친일혐의에 대한 조사는 적극적으로 가담하지 않은 술탄에게는 관대한 처분을 내릴 것을 암시했다(WO 203/5635A, September 17, 1945). 이틀 뒤 그는 뻬락 주의 술탄과의 면담에서도 같은 견해를 피력하자 술탄은 그에게 영국을 환영한다고 응답했다(WO 203/5635A, September 19, 1945). 9월 29일 술탄들과의 면담을 모두 마친 뒤 월란은 그들로부터 새로운 조약에 서명을 받는 맥마이클의 임무는 별다른 어려움이 예상되지 않는다는 결론을 내렸다.

말라야연방 안이 발표된 하루 뒤인 1945년 10월 11일에 맥마이클이 말라야에 도착했다. 10월 18일에 맥마이클이 조호르 주의 술탄 이브라힘을 첫 번째로 만났을 때 그는 월란의 사전 작업이 매우 성공적이었음을 느꼈다. 술탄 이브라힘은 그에게 어떤 저항의 기색도 보이지 않았고, 이틀 뒤에 친근한 분위기 속에서 그는 맥마이클의 요구를 받아들여 새로운 조약에 서명했다. 23일에 그가 슬랑오르를 방문했을 때도 상황은 비슷했다. 끌란딴, 뻐르리스, 빠항 주에서도 그의 임무는 마찬가지로 순조롭게 진행되었다. 월란의 예상과는 달리 느그리 슴빌란, 뻬락, 끄다와 뜨랭가누 주의 술탄들로부터는 저항을 받았으나 맥마이클의 임무는 큰 문제없이 진행되었다(Lau 1991: 109-116).

12월 21일까지 맥마이클은 몇몇 술탄들의 저항에도 불구하고 아홉 명의 술탄 모두로부터 새로운 조약에 서명을 받는 데 성공했다. 그러나 군복을 입은 맥마이클의 고압적인 태도를 포함해 영국이 새로운 헌법의 도입을 위해 이용한 협박적인 전략은 말레이 술탄들의 깊은 분노를 샀다. 1946년 1월 6일 맥마이클은 영국 정부의 말라야에 대한 모든 통치권의 행사를 보장하는 새롭게 서명된 조약을 갖고 영국으로 향하자 런던의 식민성은 그의 성공적인 임무에 고무되었다. 이제 영국 식민성은 말라야연합의 도입을 기정사실로 받아들이는 분위기였다. 그러나 새로운 조약에 서명한 잉크가 채 마르기도 전에 그 개혁안은 말라야의 여러 곳으로부터 공격을 받기 시작했다.

말라야연합 안 중 말레이인이 가장 민감한 반응을 보인 항목은 말레이 우대정책의 파기와 함께 비말레이인에게 그들과 동등한 시민권을 부여하는 법안이었다. 말레이인의 초기 저항은 그들과 아무런 협의도 없이 그들의 전통적인 출생권birthright을 영국에게 양도한 술탄들에 대한 적개심으로 표출되었다(MSS/PIJ 1946). 말레이 일간

지인 『우뚜산 멀라유Utusan Melayu』는 "말레이 군주는 말레이인의
권리를 영국에게 팔아 넘겼고, 영국은 그것을 강탈했다"라고 군주와
영국을 동시에 신랄하게 비난했다(WO 203/6206). 끄다 말레이 연합
Kesatuan Melayu Kedah의 대표로 런던에 탄원서를 보냈던 아욥 빈
압둘라Ayob bin Abdullah는 일간지인 『마즈리스Majlis』를 통해 말레
이 사회에 대한 술탄의 권위를 다음과 같이 직접적으로 문제 삼기
시작했다.

　　이슬람의 교리와 말레이 관습에 따르면 군주의 권위는 백성을 바탕으로
　　하고 있다. 군주가 자신의 백성과 협의 없이 맥마이클과 새로운 조약에 서
　　명한 행위는 백성에 대한 책임을 져버린 처사며 따라서 그 조약은 효력이
　　없다(Stockwell 1979: 66).

말레이 역사상 전례가 없었던 군주의 권위에 대한 그 같은 도전적
인 견해는 사가들이 "조호르 음모Johor conspiracy"라고 명명한 조호
르 주의 술탄 이브라힘에 대한 비난에서 극으로 치달았다.

　　새로운 조약은 조호르 주의 헌법에 위배되며, 술탄 이브라힘은 그 조약
　　에 서명함으로써 그의 신하에 대한 임무를 져버렸다(Stockwell 1979: 66).

1946년 2월 1일에 조호르 바루의 아부 바까르 사원에서 열린 한 규
탄집회에서 조호르 말레이 협회Persatuan Melayu Johor의 회장으로
조호르 음모를 주동한 다또 압둘 라흐만 빈 모하마드 야신Dato
Abdul Rahman bin Mohd. Yasin은 이브라힘 술탄을 폐위하고 새로

운 술탄을 옹립해야 한다고 주장하면서 술탄에 대한 공격수위를 한 층 더 높였다. 집회 말미에 그 협회는 술탄의 권위를 위협하는 다음 과 같은 강력한 결의를 했다.

우리 조호르 바루의 말레이인은 술탄 이브라힘을 우리의 통치자로 받아 들이지 않을 것을 만장일치로 결의했다(CO 537/1550).

이 때 바뚜 빠핫의 말레이 관료였던 다또 온 빈 자파르(이하 다또 온)Dato Onn bin Jaafar가 조호르 말레이인의 술탄에 대한 극단적인 적개심을 완화시키기 위해 노력했으나 협회는 결국 그 결의 사항을 반도 전역에 배포함과 동시에 새로운 조약에 자발적으로 서명한 직 후 런던으로 떠난 이브라힘 술탄에게 그 사항을 전문으로 보냈다.

새로운 조약에 대한 말레이인의 저항과 관련해 상기한 말레이 지 식층의 논쟁은 두 가지 점에서 중요한 의미를 갖는다.

첫째로 이슬람과 말레이 관습을 바탕으로 술탄의 백성에 대한 권 위를 논함으로써 그들은 밀실에서 서명된 그 조약이 적법하지 않음 을 영국과 술탄에게 동시에 주지시키고 있다는 점이다. 이 같은 시 도는 향후 말라야연합의 도입을 반대하는 투쟁을 성공적으로 전개 하기 위해 해결해야 할 가장 중요한 선결과제는 조약에 서명한 술탄 들이 결자해지에 따라 그 서명의 유효성을 스스로 인정하지 않는 것 이라는 판단에 근거하고 있다.

둘째로 그들은 전통 말레이 정치문화를 신중히 고려하고 있다는 점이다. 영국이 이미 술탄들과의 협약을 통해 새로운 법안의 도입을 기정사실화하고 있는 상황에서 그들은 처음부터 그 법안에 대한 철회투쟁이 일반 말레이인의 전폭적인 지지 없이 성공을 거둘 수 없음을 분명히 인식하고 있었다. 그러나 그들의 지지를 얻기 위해선 말레이 사회의 존경과 경외 및 민족 정체성의 구심점인 술탄의 협력이 필수적이었다. 따라서 말레이 지식층은 말레이 속담―"만약 군주가 정당하면, 그에게 복종한다; 만약 군주가 사악하면, 그에게 반항한다Raja adil, Raja disembah, Raja zalim, Raja disanggah"―을 빌어 술탄의 권위에 대해 논쟁함으로써 그들이 군주에게 반역 또는 더르하까를 저지른다는 일반 말레이인의 오해를 불식시키려 노력했다(Cheah 1988: 13). 이 같은 맥락에서 조호르 사람들의 이브라힘 술탄에 대한 강한 분노를 진정시키려했던 다또 온의 의도를 쉽게 이해할 수 있다. 그는 이어진 투쟁에서 술탄의 협력을 어렵지 않게 얻어낼 수 있었다.

말라야연합에 대한 말레이인의 초기 저항이 술탄에 대한 비난에 집중되는 동안 그들의 저항을 정치적인 차원에서 조직화하기 위해 범 말라야 말레이 의회Pan-Malayan Malay Congress의 결성이 추진되었다. 이를 위한 전초 작업으로 다또 온은 조호르 주에서 반도 말레이 운동Pergerakan Melayu Semenanjung을 조직했다. 1946년 1월 24일 다또 온은 『마즈리스』를 통해 말라야의 말레이 협회들 간에 이견을 좁히고 반도에서 말레이인의 운명을 논하기 위해 말레이인의 의회를 가능한 한 조속한 시일 내에 개최할 것을 제안했다(Ishak 1960: 61). 말레이인은 이민족 특히 중국인과 영국으로부터 자신들의 정치적 주권이 위협받는 상황에서 다또 온의 제의를 적극 환영했다.

그 결과 같은 해 3월 1일 싱가포르를 포함한 말라야 전역의 41개 말레이 협회로부터 약 200명의 대표가 꾸알라 룸뿌르의 술탄 술래이

만 클럽에 모여 4일간의 회의를 개최했다. 개막 행사에 이어 다또 온이 의장으로 선출되었고 이어 참석자들은 말라야연합에 대한 효율적인 여러 투쟁방법을 토의했다. 이 자리에서 다또 온은 범 말라야 말레이 조직의 이름을 연합말레이 기구United Malays Organization로 할 것을 제안했으나 의회 조직위의 서기인 자이날 빈 아흐맛Zainal bin Ahmad이 제의한 연합말레이 민족 기구 또는 암노United Malays National Organization 또는 UMNO가 채택되었다. 이 명칭은 다또 온의 제안에 민족을 의미하는 "kebangsaan"이 삽입됨으로써 말레이인은 한 "인종race"일 뿐만 아니라 한 "민족nation"을 함의하고 있다(Ishak 1960: 61). 회의 말미에 참석자들은 말라야연합의 도입에 대항에 다음과 같은 사항의 결의문을 통과시켰다(MSS/PIJ: Serial No. 1: 1946).

1. 백서(White Paper)에 요약된 말라야연합 안을 거부하며, 그 안의 철회와 전쟁이전 상태Status quo의 유지를 요구한다.

2. 맥마이클과 술탄들이 체결한 새로운 조약을 인정하지 않는다. 그 조약은 백성들과 어떠한 협의도 없이 체결되었기 때문에 주의 헌법에 위배된다.

3. 약 1,000,000불 상당의 "말레이 승리 교육기금Malay Victory Education Fund"의 초기 자금을 조성한다.

4. 백서의 제안은 말레이인의 출생권을 박탈하는 것이다.

5. 영국 정부에게 현재 말레이 반도의 상황을 파악할 조사단의 파견을 요청한다.

6. 말라야는 말레이인의 나라다. 따라서 출생권을 이민족들과 공유할

빠항의 술탄 아부 바까르가 1948년 1월 21일 말라야연방 협약에 서명하는 모습. 이처럼 각주의 술탄은 전후 탈식지화 과정 속에서도 자신의 주와 관련된 중대사의 최고 결정권자로서 그 위상과 권한을 유지하며 1957년 독립과 함께 정치, 사회적으로 상당한 영향력을 행사하는 입헌군주로 안착했다.

수 없으며, 그에 대한 결정은 강제가 아닌 말레이인의 자결권을 통해 이루어져야 한다.

7. 말라야연합의 도입에 반대의사를 전달할 사절단을 런던에 보낸다.

이 분위기에 편승해 조호르와 끌란딴 주의 술탄을 제외한 모든 주의 술탄이 3월 16일 뻬락 주의 꾸알라 깡사르에서 개최된 연합안 반대 집회에 참석했다. 집회에서 술탄들은 맥마이클이 그들에게 강압적인 방법을 통해 서명을 받았음을 확인하는 탄원서를 런던에 보내기로 결의했다(CO 537/1581).

말레이인의 저항에도 불구하고 영국 정부는 예정대로 1946년 4월 1일에 말라야연합의 도입을 강행하기로 결정했다. 따라서 초대 총독으로 임명된 에드워드 겐트Sir Edward Gent가 말라야연합의 출범을 위해 3월 29일 말라야에 도착할 예정이었다. 이러한 영국의 강경

끄다의 술탄 바드리샤가 1948년 1월 21
일 말라야연방 협약에 서명하는 모습.

입장에 대응하기 위해 다또 온은 3월 30일에 꾸알라 룸뿌르에서 비
상 회의를 개최하여 다음과 같은 다섯 개 항의 결의문을 통과시켰다
(MSS/PIJ Serial No. 1: 1946).

1. 그들의 권리 상실을 애도하는 표시로 모든 말레이인은 일주일 간 송
꼭songkok과 함께 하얀 소복을 입는다.

2. 총독 자문 협의회의 말레이 회원에게 전원 사퇴할 것을 요청한다.

3. 술탄은 총독의 취임식을 포함해 말라야연합과 관련된 어떠한 행사에
도 참석하지 않아야 한다.

4. 말레이 협회는 어떤 회의 또는 환영 연설을 통해서도 총독을 인정하
지 않아야 한다.

5. 말레이인의 저항의사를 카이로의 아랍 동맹을 통해 국가연합기구
United Nations Organization에 전달될 수 있도록 한다.

비상회의가 끝난 직후 다또 온은 술탄들을 방문해 결의문에 대해 설명했다. 그러나 말레이인의 강한 반발에도 불구하고 영국 정부는 원래의 계획에 따라 4월 1일 말라야연합의 도입을 선포했고 겐트가 초대 총독으로 취임했다. 말라야연합 자문 위원회에 초빙된 말레이 지도층 인사들은 그들의 출생권과 자유의 장례식에 참석할 수 없다는 견해를 피력하면서 영국의 초대를 거부했다. 술탄 모두도 겐트의 취임식에 참석하지 않았다. 수백 명의 말레이인이 그들의 송꼭에 흰 띠를 두르고 술탄이 머물고 있는 호텔 앞에 운집해 "다울랏 뚜안꾸 Daulat Tuanku!"(술탄 만세!)와 "말레이인 만세!"를 외쳤다(Milner 1982: 79).

다또 온과 암노의 지도자들은 지속된 말라야연합 반대 캠페인에서 상당한 대중적 지지를 바탕으로 영국 식민정부에게 말레이인의 의사를 무시하고 그 연합을 도입하는 것은 사실상 불가능하다는 인식을 심는 데 성공했다. 결국 영국은 1948년 2월 1일 말라야연합을 철회하고 말라야연방Federation of Malaya의 도입을 선포했다. 전쟁 이전의 말레이 우대정책으로의 회귀를 의미하는 말라야연방의 도입은 말레이인의 전통적인 권한을 박탈하려는 영국 식민정부의 도전에 대한 말레이인의 승리를 함의한다. 이 승리는 다또 온과 암노의 지도자들이 술탄들의 협조를 통해 말레이인의 대중적인 지지를 확보함으로써 가능했다. 이 전후의 사건은 19세기 말 뻬락과 빠항 주의 소요사태에서와 마찬가지로 말레이 사회의 존경과 경외 그리고 정체성의 구심점으로서 술탄제의 정치, 사회적 효용성을 다시 한 번 확인시켜 주었다. 더욱이 말라야연합 안에 대한 말레이인의 투쟁을 격화시킨 가장 중요한 동기 중 하나가 비말레이인에게 말레이인과 동등한 시민권의 부여라는 점을 고려할 때 술탄은 이제 대 말라야연합 투쟁을 거치면서 다민족 사회인 말라야에서 말레이인의 전통적인 특권과 이익의 보호자가 되었다(Ariffin 1993: 199). 그 결과 전후 탈식민지 시기에 술탄제에 말레이 민족주의의 구심점이란 현대적인 위상이 부가되었다.

IV. 맺음말

15세기 초 멀라까 왕국의 성립 초기에 힌두교적 영향을 받아 기원설화와 다울랏, 더르하까의 개념을 기초로 확립된 군주의 신성한 왕권은 이후 이슬람의 도입과 함께 신성한 무슬림 왕권과 결합되었다. 그러나 그 신성한 왕권이 실제적으로 지배와 피지배 관계에 있어 군주에게 절대권력을 보장해 주진 못했다. 따라서 군주는 자신의 위상과 역할을 유지하기 위한 부차적인 기제로 여러 법적, 제도적, 도덕적 장치를 마련해야 했다. 이를 바탕으로 19세기 이전 전통시기에 술탄제는 말레이인의 존경과 경외 그리고 정체성의 구심점으로 확고히 자리 잡았다.

영국 식민지배 시기는 그러한 전통 말레이 사회의 세계관에 커다란 영향을 미치지 못했다. 영국의 간접 식민지배하에서 전통 말레이 사회가 별다른 사회변동을 겪지 않는 동안 술탄은 이전처럼 종교와 관습에 관한 전통적인 권한과 역할을 통해 그들의 위상을 유지 할 수 있었다. 비록 식민지배하에서 술탄은 재정권의 상실로 자신들의

위상을 유지하기 위해 영국의 경제적 후원에 의존해야 했지만, 이
시기에 전통시기 왕권을 위협했던 말레이 중앙관료가 식민지 관료
체제로 편입되는 한편, 술탄이 그들의 급여 또는 연금에 대한 결정권
을 행사함으로써 오히려 전통적인 위상과 역할이 강화되는 현상을
보였다.

전쟁 중 이슬람을 통해 말레이인의 협력을 얻으려는 노력의 일환
으로 일본의 정책은 이슬람의 수장인 술탄에 집중되었다. 또한 같은
맥락에서 일본은 말레이 무슬림들에게 종교의 자유를 허락했다. 따
라서 전쟁 중에 이슬람은 그들에게 "말레이다움"을 유지하게 해준
유일한 수단이었다. 뿐만 아니라 전쟁 중에 깊어진 인종 간의 적개
심으로 이슬람이 말레이 민족 정체성과 보다 견고하게 밀착되었다.
이러한 상황에서 이슬람의 수장으로서 술탄은 전쟁 중에도 말레이
사회의 존경과 경외 그리고 정체성의 구심으로서 그들의 전통적인
위상과 역할을 간단없이 유지할 수 있었다.

전후 탈식민지 시기에 다또 온과 암노의 지도자들은 대 말라야연
합 투쟁 과정에서 말레이인의 효과적인 동원을 위해 말레이 사회의
존경과 경외 그리고 정체성의 구심점으로서 술탄의 효용성을 적극
적으로 활용했다. 그 결과 전후 술탄제는 말레이 민족주의의 구심점
이란 현대적인 위상을 바탕으로 다민족 사회에서 말레이인의 전통
적인 특권과 이익을 보호하는 최후의 보루로 새로 자리매김 되었다.

입헌군주제 시대 말레이시아의 왕권

　국가와 사회의 발전 과정상 전통시대의 왕국에서 근대 국민국가로
의 이행은 통치방식에 있어 군주를 중심으로 한 인치人治에서 헌법
을 중심으로 한 법치法治로의 전환을 수반한다. 이 과정에서 전통지
배 체제의 정점인 절대군주제는 소멸되거나 입헌군주제로 전환되는
것이 일반적이다. 1957년 독립과 함께 입헌군주제로 전환된 말레이
시아의 술탄제 역시 그 같은 보편적인 흐름에서 예외일 수 없다. 그
러나 "군림하나 지배하지 않는" 입헌군주제의 일반적인 성격에 비
추어 볼 때 오늘날 말레이시아의 술탄제는 분명 예외적이다. 왜냐하
면 말레이시아의 군주인 술탄은 독립 이후에도 여전히 정치, 사회적
으로 상당한 권한과 역할을 행사하고 있기 때문이다.

이 장에서는 1957년 이후 최근까지 말레이시아 술탄의 권한과 역할을 분석한다. 특히 입헌군주제로 전환되었음에도 불구하고 그들이 여전히 정치, 사회적으로 무시할 수 없는 권한과 역할을 행사하고 있는 배경과 요인을 집중적으로 고찰한다. 구체적으로 술탄제가 독립 이후 막강한 권한을 지닌 예외적인 입헌군주제로 안착한 배경을 분석한 다음 헌법 조문의 해석을 통해 술탄의 권한과 역할을 살펴본다. 이어 독립 이후 1970년대 말까지 술탄의 권한과 역할을 강화시킨 배경과 원인을 고찰한다. 끝으로 술탄제에 대한 권한과 역할의 축소를 목적으로 마하띠르 정부가 시도한 1983년과 1992년 두 차례 헌법위기의 원인과 결과를 분석하고 그 분석을 바탕으로 말레이시아 술탄제의 미래를 가늠해 본다.

이 시기의 말레이시아 술탄제를 다룬 소수의 연구들은 주로 헌법에 명시된 군주의 권한과 역할 또는 1983년과 1992년 헌법위기에 집중되어있다. 법률적인 시각을 바탕으로 한 그 연구 대부분은 군주의 권한과 역할에 대한 법률적인 해석(Ahmad 1979, Trindade 1979, Y. A. M. Raja 1985, Tun Haji 1985) 또는 두 차례 헌법위기의 결과 수정된 헌법 조문에 명시된 술탄의 권한과 역할의 변화에 초점을 맞추고 있다(Lee 1984, 1995; Rawlings 1986). 이 글은 제3장에 이어 전통의 변화와 지속성의 시각을 바탕으로 오늘날 술탄의 권한과 역할을 정치, 사회적 및 역사적인 맥락에서 보다 종합적으로 분석함으로써 이전의 단편적인 시각의 연구들과 차별성을 시도한다.

Ⅰ. 독립전야 술탄제에 대한 논쟁

술탄제에 대한 논쟁은 전쟁 직후 영국의 말라야 연합 도입과 함께 시작되었다. 그러나 제3장에서 언급한 바와 같이 말레이인의 대 말라야 연합 투쟁 과정에서 술탄은 말레이 민족주의의 구심점이란 현대적인 위상과 함께 강한 생존력을 발휘했다. 그러나 1948년 2월 말라야 연방의 출범과 함께 시작된 암노의 헌법적인 절차를 통한 독립투쟁constitutional struggle 과정에서 술탄의 전통적인 권한과 역할에 대한 논쟁은 새로운 국면을 맞이했다. 이 과정에서 괄목할 만한 점은 1948년 이전에 그 논쟁이 주로 영국 식민정부에 의해 촉발된 반면 이후 새롭게 점화된 논쟁은 암노를 중심으로 한 말레이 사회 내에서 비롯되었다는 사실이다.

1. 술탄과 다또 온 간의 알력

1949년 5월 28일과 29일 뻐르리스 주의 아라우에서 개최된 제11차 암노 총회에서 다또 온 빈 자파르는 "술탄에게 그들의 옥좌를 되돌려 준 세력은 바로 암노이며, 이 당의 중요 목적 중 하나는 독립적인 단일 통치권의 말라야를 위해 투쟁하는 것이다"라고 선언했다(CO 825/74/3, June 1949). 술탄들은 다또 온의 그 같은 선언을 자신들의 전통적인 권한과 역할에 대한 직접적인 도전으로 받아들였다. 이때부터 1951년 6월 다또 온이 암노의 의장직을 사임할 때까지, 자신의 주에서 전통적인 권한과 역할을 사수하려는 술탄과 지역 분권적인 술탄제의 통폐합을 통해 독립과 함께 단일 통치권의 중앙 집권적인 정부의 수립을 지향하는 다또 온 간에 치열한 정치적 공방이 전개되었다.

　다또 온의 도전에 직면해 술탄들은 6월 14일 먼뜨리 버사르Mentri Besar 또는 Chief Minister들을 배제한 채 비밀리에 회합을 가졌다. 이 회합에서 술탄들은 최근 개최한 술탄회의Conference of Rulers에서 다또 온이 자신의 정치적 입지를 위해 큰 관심을 보이고 있는 말레이인을 위한 부고등판무관Deputy High Commissioner직의 신설에 대한 그들의 요청을 철회할 것과 술탄회의에서 먼뜨리 버사르의 역할 축소 및 먼뜨리 버사르는 술탄의 요청이 있을 때만 그에게 조언하도록 하는 등의 결의를 했다(Malay Mail, 1949/6/22). 다음날 개최된 공식 회의에서 술탄들은 설사 그 직책이 신설되더라도 다또 온의 임명을 지지하지 않기로 결의했다. 이에 맞서 다또 온은 그 다음날 이어진 회의에 참석하지 않은 채 조호르 주의 먼뜨리 버사르직을 사임하겠다는 의사를 밝혔다(CO 537/4790, June 17, 1949). 비밀리에 자신들의 권한 축소를 의도한 술탄들의 결의에 분개한 다른 먼뜨리 버사르들도 다또 온의 사임 행보에 동조의사를 피력하며 술탄들을 압박했다(Malay Mail, 1949/6/21).

　이처럼 시작된 술탄들과 다또 온 간의 정치적 알력은 끄다 주의 술탄 바드리샤가 암노의 불법화와 그 정당의 지지자들을 관직에서 해고하는 방법으로 자신의 주에서 암노의 영향력을 약화시키겠다는 의사를 공개적으로 드러내자 더욱 고조되었다(CO537/4790, August 3, 1949). 이에 대한 대응으로 다또 온은 1949년 8월 말 끄다 주의 버터워스에서 열린 제12차 암노 총회에서 "봉건적인 지배를 종식시키고 입헌정부로 그 지배를 대신할 수단과 방법을 찾아야 한다"고 보다 직설적인 표현으로 술탄 바드리샤를 공격했다. 이때 그동안 침묵으로 일관하던 조호르 주의 술탄 이브라힘이 술탄 바드리샤에게 다또 온의 태도에 대해 깊은 유감을 표명하는 서신을 보냈다(CO 537/4790, September 27, 1949). 더욱이 술탄 이브라힘은 다또 온이 먼뜨리 버사르직을 맡고 있는 한 조호르 주 밖에서 정치활동에 참여하지 말아야 한다고 주장하면서 다또 온의 사임을 결정적으로 자극했다. 결국 다또 온은 이브라힘의 주장에 대한 반발로 10월 2일 조호르 주의 먼뜨리 버사르직을 사임했다(CO 537/4790, October 2, 1949).

다또 온의 사임으로 다른 주의 먼뜨리 버사르의 행보에 관심이 집중되었다. 그러나 몇 개월 동안 술탄들과 다또 온 간의 정치적 공방과 그의 사임을 지켜보면서 다른 먼뜨리 버사르들은 그의 행보가 지나치게 성급했다는 견해를 피력했다(CO 537/4790, October 26, 1949). 더욱이 11월 29일 꾸알라 룸뿌르에서 열린 먼뜨리 버사르 회의에서 그들은 다또 온이 술탄과의 알력을 말레이 사회 전체에 공론화 하려 했다는 비난을 통해 말레이인의 분열을 경계하며 다또 온의 정치적 행보에 동참하기를 꺼렸다(CO 537/4741, December 2, 1949).

술탄들과의 적대적인 관계에 더해 다또 온에 대한 먼뜨리 버사르들의 지지 철회는 향후 그의 정치적 행보에 결정적인 영향을 미쳤다. 1948년 말라야 연방의 도입과 함께 영국 식민지 정부가 독립을 위한 전제 조건으로 내세운 다민족 사회의 통합을 말레이인의 전통적인 권리의 포기라는 급진적인 방법을 통해 추진하던 다또 온은 말레이 사회에서 잃은 지지기반을 비말레이 사회로부터 만회해 연방의 명실상부한 정치 지도자로서 자신의 위상을 고수하려 했다. 이를

1948년 1월 21일 말라야연방 협약에 서명한 뒤 술탄들은 영국식민지 정부의 고등판무관인 에드워드 겐트와 함께 기념사진을 찍었다. 앞줄 맨 하단 왼쪽에서 세 번째부터 뜨랭가누 술탄을 비롯해 뻐를리스, 뻬락, 느그리 슴빌란, 빠항, 슬랑오르, 끄다, 끌란딴의 술탄이 나란히 앉아있다. 왼쪽에서 일곱 번째의 빠항 술탄 옆에 에드워드 겐트가 앉아있다.

위해 다또 온은 암노를 비말레이인에게 개방함으로써 다민족당non-communal party으로의 전환을 꾀했다. 이 행보 역시 암노의 당원들로부터 거센 반발에 부딪치자 그들을 협박하기 위한 정치적인 술책으로 다또 온은 1950년 6월에 암노의 의장직을 사임했다. 그의 갑작스런 사임으로 전후 최고의 말레이 지도자를 잃고 당황하던 당원들의 권유로 몇 개월 뒤 다또 온은 의장직에 재추대되었다. 그러나 다민족 사회의 통합을 위해 말레이 사회의 정서에 반하는 그의 급진적인 정치적 행보가 술탄은 물론 먼뜨리 버사르들과 대다수의 다른 당원들의 지속적인 반대에 직면하자 결국 1951년 6월에 비말레이 사회의 지지를 기대하며 다민족당인 말라야 독립당IMP(Independence of Malaya Party)의 창당을 위해 암노 의장직을 재차 사임했다(CO 1022/182, October 1951).

2. 술탄과 뜬꾸 압둘 라흐만 간의 알력

다또 온의 사임으로 1951년 8월에 뜬꾸 압둘 라흐만이 암노의 의장직에 올랐다. 그러나 새 의장과 그의 이복형제인 끄다 주의 술탄 바드리샤와의 구원으로 암노와 술탄들은 계속해서 불편한 관계를 유지했다(CO 537/7297, August 29, 1951). 그러는 동안 1953년 5월 초에 식민지 정부가 연방의회Federal Legislative Council의 선거를 검토하면서부터 가속화된 헌법적인 절차를 통한 독립과정 속에서 암노의 지도부는 술탄들과의 관계 개선을 고려하지 않을 수 없었다. 같은 해 7월에 술탄회의의 동의에 따라 연방선거위원회Federal Elections Committee가 구성되었다. 이 위원회에서 연방의회 구성원의 선출 비율을 놓고 1952년 꾸알라 룸뿌르 시의회 선거의 승리를 위해 결성된 암노와 말라야 중국인 협회MCA(Malayan Chinese Association)의 연립정당인 동맹당Alliance과 다또 온의 IMP 간에 치열한 의견대립이 전개되었다. IMP의 대표들은 소수 선출elected minority안을 선호한 반면 동맹당의 대표들은 최소한 5분의 3을 선출하는 다수 선출elected majority안을 주장했다. 위원회의 투표결과 술탄들의 지지에 힘입어 IMP가 내세운 소수 선출 안이 채택되었다(CO 1022/86, December 8, 1953).

처음부터 의회에 대한 자신들의 영향력을 감소시킬 다수 선출 안에 부정적인 입장이었던 술탄들은 고등판무관과 결국 연방의회 구성원 중 6분의 1만을 선출하는 데 합의했다. 뜬꾸 압둘 라흐만을 위시한 동맹당의 대표들은 "소수의 선출 의원으로는 어떤 정당도 다수당이 될 수 없을 뿐만 아니라 국민들은 그러한 선거에 참여할 가치를 느끼지 못할 것"이라고 주장하며 그 결정에 반대했다(CO 1030/310, May 20, 1954).

이처럼 동맹당과 IMP 간에 독립을 향한 정국의 주도권 싸움이 치열한 가운데 수세에 몰린 동맹당은 술탄들의 지지가 절실함을 느꼈다. 그들의 지지를 얻기 위해 동맹당은 술탄들에게 협박과 설득을 병행하는 작전을 폈다. 전자와 관련해 동맹당은 연방의회 구성원에 대한 결정은 국민에게 그에 대해 의견을 개진할 충분한 기회를 주지 않고 식민지 정부와 술탄들이 밀실에서 행한 일방적인 합의라는 주장을 펴며 1945년 말라야 연합의 도입을 위해 맥마이클이 술탄들과 맺은 협약을 상기 시켰다(CO 1030/309, April 2, 1954). 다른 한편 어떤 경우에든 술탄들과의 첨예한 대립을 피하며 그들로부터 연방의회 구성원에 대한 동맹당의 입장을 지원 받기 위해 뜬꾸 압둘 라흐만은 1954년 7월에 동맹당의 다른 지도자들과 함께 각각의 술탄을 방문해 충성을 표하며 긴밀한 협조를 요청했다(Tunku 1977: 27).

암노를 중심으로 한 동맹당이 술탄들에게 우호적인 태도를 보이자 그들은 자신들의 미래를 위해 영국 또는 암노 어떤 편에 의존할 것인가를 놓고 논쟁을 벌였다(CO 1030/65, August 7, 1954). 1954년 8월 22일에 조호르 바루에서 열린 술탄회의에서 조호르의 술탄 이브라힘은 지난 7월에 동맹당의 예방을 거부한 뻬락 주의 술탄을 비난하며 암노에 강한 우호적인 입장을 표명했다. 빠항, 뻐르리스, 뜨렝가누 주의 술탄들이 그의 입장에 동조한 반면 다른 술탄들은 불분명한 입장을 보였다. 특히 끄다 주의 술탄은 그 회의에 참석도 하지 않은 채 아무런 반응을 보이지 않았다(CO 1030/244, August, 1954). 이처럼 술탄들은 그들의 권한과 역할을 보존 할 수 있는 최상의 선택과 관련해 합의를 도출하지 못했다.

술탄들의 지지를 얻기 위해 노력하는 한편 뚠꾸 압둘 라흐만은 그들이 자신들의 권한과 역할의 보호를 위해 영국에게 그들의 운명을 맡기며 헌법적인 독립투쟁과정을 방해할 가능성을 배제하지 않았다(Tunku 1977: 18). 따라서 별도의 전략적 차원에서 동맹당의 지도부는 식민지 정부에게 연방의회의 구성원에 관한 자신들의 입장이 관철되지 않으면 연방정부에 참여하고 있는 당원들을 철수시키겠다는 강력한 의사를 피력했다. 결국 식민지 정부가 9명의 지명의원을 임명하기 전에 다수당의 당수와 협의하겠다고 뚠꾸 압둘 라흐만을 설득함에 따라 그 구성원을 둘러싼 문제가 일단락되었다(CO1030/311, July 3, 1954).

한편 이 시기에 독립 말라야의 헌법을 제정할 제헌위원회의 임명에 대한 문제를 놓고 술탄들과 동맹당이 또 하나의 대립을 보였다. 동맹당의 지도부는 만약 제헌위원회가 전적으로 말라야 내의 위원들로 구성되면 연방선거위원회에서처럼 그들의 의견이 채택되지 않을 것을 의식해 그 위원 전원을 말라야 밖의 인물로 임명할 것을 주장했다(CO 1030/244, July 1954). 그러나 술탄들은 동맹당의 의견을 받아들일 경우 헌법제정과정에서 자신들이 직접적으로 영향력을 행사할 수 없다는 점을 우려해 예상대로 그 당의 의견에 반대했다(CO 1030/311, June 25 1954). 그럼에도 불구하고 1954년 10월 술탄회의에서 암노를 지지하는 술탄들과 먼뜨리 버사르들은 제헌위원회의 임명을 위한 동맹당의 요청에 대한 심의를 이듬해 중순으로 예정되어 있는 연방의회선거 이후까지 미루지 않을 것을 설득하는 데 성공했다(CO 1030/65, October 21, 1954). 이후 1955년 7월에 치러진 연방의회 선거가 말라야 인도인 의회MIC(Malayan Indian Congress)가 가담한 동맹당UMNO-MCA-MIC의 압승으로 끝나고 독립을 향한 헌법적인 절차가 막바지에 이르자 이번엔 역으로 대부분의 술탄들이 자신들의 미래를 위해 암노와의 긴밀한 관계를 원하게 되었다.

3. 국가 최고의 수반 술탄 아공

1954년 8월에 개최된 술탄회의에서 암노에 강한 우호적 입장을 표명했던 조호르 주의 술탄 이브라힘은 암노가 독립의 한 필수적인 조건으로 영국 고문관 철수를 요구하자 본래의 입장을 바꿨다(CO 1030/410, undated). 그는 암노를 위시한 동맹당이 말라야가 아직 스스로를 방어할 수 능력을 갖추고 있지 못한 상황에서 너무 성급한 독립협상을 진행하고 있다고 비난하면서 자신의 주에서 고문관의 철수를 반대했다(CO 1030/374, September 19, 1955). 이처럼 술탄 이브라힘의 갑작스런 태도 변화는 그가 연방의회 선거에서 압승의 여세를 몰아 동맹당이 예상보다 독립협상을 신속하게 진행하자 자신의 미래에 불안을 느껴 계속해서 영국에게 의존하려한 것으로 풀이할 수 있다.

술탄 이브라힘의 태도와는 달리 다른 술탄들은 자신들의 미래를 위해 더 이상 영국의 보호에 의존 할 수 없다는 판단과 함께 그들은 동맹당의 독립 노력에 적극적인 협조의사를 보였다. 그 결과 1955년 9월 29일 개최된 런던 회의London Conference에서 술탄의 대표들은 "자신들의 주에서 입헌군주로서 권한과 역할의 보장"을 위한 조항을 헌법에 명시하는 조건으로 동맹당의 요청대로 제헌위원 전원을 말라야 밖의 인물로 임명할 것에 동의했다(CO 1030/132, July 19, 1956). 그 결과 1956년 6월에 제헌위원회인 리드 위원회Reid Commission가 구성됨으로써 조만간 말라야의 독립은 기정사실이 되었다.

리드 위원회가 술탄들의 요구대로 자신들의 주에서 입헌군주로서 권한과 역할을 보장하는 헌법조항을 조문하는 동안 연방정부와 각 주의 술탄과의 관계를 조율할 새로운 정치적 기제의 필요성이 제기되었다. 이를 위해 리드 위원회는 연방정부에서 각주의 술탄을 대표할 뿐만 아니라 국가의 통합을 상징하는 국가의 최고 수반으로 양 디뻬르뚜안 아공Yang di-Pertuan Agong 또는 술탄 아공Sultan Agong이란 말라야(말레이시아) 고유의 선출직 국왕제도를 신설했다(Stockwell 1988: 183; Smith 1995: 191).

이상에서 고찰한 바와 같이 1948년 말라야 연방의 도입과 함께 말레이 사회에서 비롯된 술탄제에 대한 논쟁은 1950년대 초부터 헌법적인 절차를 통한 독립협상이 급진전을 보이면서 암노와 술탄 간에 상호 이익을 위해선 양자 간 긴밀한 협조가 불가피하다는 인식을 바탕으로 전개되었다. 그 결과 술탄은 국가 또는 주의 수반, 이슬람의 수장 및 다민족 국가에서 말레이인의 전통적인 특별한 권리와 이익을 보호하는 최후의 보루로서 다양한 실질적, 상징적 권한을 지닌 입헌군주로 안착한 반면 암노의 정치인들은 독립협상의 주역으로

전후 말레이시아를 이끌 최고의 정치세력으로 부상했다. 뿐만 아니
라 그들은 술탄제의 초헌법적인 권한과 역할을 바탕으로 다민족 사
회에서 말레이인의 정치적 헤게모니를 지속적으로 유지, 강화할 수
있는 기반을 마련했다. 암노의 정치인들과 술탄 간의 알력의 와중에
서 영국은 독립 이후 말레이시아와의 지속적인 우호관계와 상호 이
익을 고려해 가급적 중립적인 입장을 견지하려 노력했다(Smith
1995: 167-191).

III. 입헌군주로서 술탄

1957년 8월 31일 독립과 함께 입헌군주제로 전환되었음에도 불구
하고 일반적인 경우와는 달리 말레이시아의 술탄은 결코 상징적인
존재로 머물지 않았다. 오히려 머르데까 헌법Merdeka Constitution은
술탄 아공과 술탄에게 초헌법적인 지위와 함께 각각 연방정부와 주
정부 차원의 정치, 사회적인 문제에 막강한 영향력을 행사할 수 있는
다양한 권한을 부여함으로써 그들의 새로운 권한과 역할을 보장하
고 있다.

1. 술탄 아공의 권한과 역할

술탄 아공에게 부여된 연방정부 차원의 주요 권한은 다음과 같다
(Stockwell 1988: 183-184).

1957년 8월 31일 초대 수상에 오른 뚠꾸 압둘 라흐만이 술탄들이 지켜보는 가운데 말라야의 독립을 선포하고 있다. 이날을 기점으로 술탄들은 머르데까 헌법에 따라 입헌군주가 되었다.

1. 수상 임명권

2. 의회해산 요청에 대한 동의consent 유보권

3. 술탄회의 소집권

4. 공공 서비스public service와 관련된 위원회 설립권

5. 비상사태 선포권

6. 연방의회를 통과한 법률에 대한 승인권assent

수상 임명권에 대해 연방헌법 43조 2항은 "술탄 아공은 그의 판단에 하원Dewan Rakyat의 다수 구성원의 신뢰를 수행할 것으로 사료

되는 사람을 선택해야 한다"고 명시하고 있다. 술탄 아공의 이 권한은 독립 이후 최근까지의 헌정철차에서 보듯 선거결과 어떤 한 당이 분명한 다수의석을 차지하고 그 당내에서 차기 수상 후보에 대한 분명한 공감대가 형성될 경우엔 형식적인 권한에 지나지 않는다. 그러나 어떠한 당도 의회에서 다수 의석을 확보하지 못할 경우, 다수당이 연합세력으로 구성되어 그 세력들 간에 차기 수상 후보에 대한 이견이 존재할 경우 또는 다수당이 차기 수상 후보를 결정하지 못해 그에 대한 논의가 필요할 경우 등의 예외적인 상황에선 술탄 아공이 차기 수상을 단순히 임명하는 차원을 넘어 선택하는 데 상당한 영향력을 행사할 수 있는 실질적인 권한이다. 의회해산 요청에 대한 동의 유보권은 어떤 특정 세력이 의회해산을 통해 국가의 헌정질서를 파괴할 수 있는 소지를 사전에 차단하는 한편 국가의 안위를 위해 의회해산이 불가피한 경우 그 초헌법적인 조치의 정당화를 위해 술탄 아공에게 부여된 권한이다. 이처럼 상기한 첫 번째 두 권한은 민주적인 헌정절차가 술탄 아공의 개입과 도움이 필요한 경우 그에게 주어진 실질적인 권한이라 할 수 있다.

술탄 아공은 자신은 물론 각주의 술탄의 요청에 따라 술탄회의를 소집, 주재하는 권한을 갖고 있다. 특히 헌법에 명시된 술탄의 권리, 특권, 지위, 명예 및 품위가 도전을 받고 있다고 판단 될 경우엔 언제나 술탄 아공은 술탄회의를 소집해 그 사안에 대해 독자적인 논의를 할 수 있다. 그 범주 밖의 정치적인 사안을 논의하기 위해 소집된 회의에선 반드시 수상과 먼뜨리 버사르들의 조언을 받도록 되어 있다. 그러나 술탄 아공과 술탄들은 그들의 조언을 반드시 이행해야 할 의무가 없다. 더욱이 연방헌법 제38조 4항은 상기 술탄의 권한과 역할에 "직접적으로 영향을 미칠 어떠한 법률도 술탄회의의 동의 없이 통과되지 않을 것"을 명시하고 있다. 즉 술탄 아공은 술탄회의 소집을 통해 연방정부가 내린 결정이 헌법에 명시된 술탄의 권한과 역할을 침해하는 것으로 판단될 경우 그 결정으로부터 술탄들을 보호할 뿐만 아니라 필요성이 제기될 경우 이민정책을 포함한 다른 주요 정치적인 현안들도 독자적으로 논의 할 수 있는 권한을 갖고 있다 (Rawlings 1986: 242).

술탄 아공은 법률, 철도, 경찰, 군, 교육 등 공공 서비스 분야의 채용, 승진 및 전반적인 서비스 조건의 향상을 책임질 위원회를 설립할 수 있는 권한을 갖고 있다. 해당 부처의 장관이 위원장을 맡는 경찰과 군 위원회를 제외하고 다른 위원회에는 정치인의 임명을 가급적 배제하고 있다. 위원 선정 시 술탄 아공은 수상의 조언을 받도록 되어있으나 다른 통로를 통해서도 조언을 얻을 수 있기 때문에 반드시 그 조언에 따라 위원을 임명할 의무가 없다. 이는 위원 임명 시 수상은 여러 조언의 통로 중 하나임을 의미한다. 또한 일단 임명된 위원은 사법적인 절차를 통하지 않고는 해임할 수 없다. 만약 의회가 어떤 위원을 해임하려할 경우 자칫 그 시도가 술탄 아공의 권한에 대한 도전으로 비춰질 수 있기 때문에 확실한 해임사유가 없는 한 섣불리 문제를 제기하기가 어렵다. 이처럼 술탄 아공은 다양한 위원회의 설립을 통해 비정치적인 사회 유력 인사들과의 독자적인 결속을 바탕으로 정치권의 수상과 측근 정치인 집단과 대비되는 세력을 확보할 수 있다(Lowe 1982: 78).

이밖에도 술탄 아공은 비상사태를 선포할 수 있는 권한을 갖고 있다. 연방헌법 제150조 1항은 "만약 양 디뻬르뚜안 아공이 연방의 안

보, 경제적인 생활 또는 공공 질서에 중대한 위기가 존재하거나 그로
인해 어떤 다른 분야가 위협을 받는다고 판단할 경우 비상사태를 선
포할 수 있다"고 명시하고 있다. 이때 술탄 아공은 헌법에는 명시되
어 있지 않지만 수상을 포함한 내각의 조언을 받는 것이 관행이다.
독립 이후 최근까지 다음 네 차례의 위기 시 비상사태가 선포되었다
(Lowe 1982: 81).

　　1. 1963년 12월에 시작된 인도네시아 대결국면Indonesian confrontation
의 위기
　　2. 1967년 사라왁의 먼뜨리 버사르인 스테판 깔롱 닝깐Stephen Kalong
Ningkan이 동맹당의 사임명령에 불복해 주지사Governor에 의해 해임되
자 법적 소송을 통해 승소하면서 발생한 정치적 위기
　　3. 1969년 5월에 발생한 인종 분규로 인한 위기
　　4. 1978년 끌란딴의 먼뜨리 버사르가 주 의회의 불신임 투표의 가결에
불복해 사임을 거부하면서 발생한 끌란딴 주 정부의 위기

이상 네 차례의 비상사태는 예외 없이 술탄 아공이 내각의 조언을
받아들여 선포했다. 전례로 보아 술탄 아공의 비상사태 선포권은 내
각이 조언할 경우 마땅히 그에 따라야 하는 형식적인 권한으로 보인
다. 그러나 수상을 포함한 내각의 정치인들이 정치적인 위기라고 판
단해 비상사태의 선포를 고려할 경우에 그들에게 무엇보다도 중요
한 사안은 그에 대한 적법성이다. 바로 그 적법성을 술탄 아공에게
의존할 수밖에 없는 한 그의 비상사태 선포권은 분명 말레이시아의
입헌군주제도를 강화하는 역할을 한다고 볼 수 있다.

끝으로 술탄 아공은 연방의회를 통과한 법률에 대한 최종 승인권을 갖는다. 연방헌법 제66조 1항은 입법절차가 양원을 통과한 법률안이 술탄 아공의 승인을 받음으로써 종료되도록 명시하고 있다. 또한 연방헌법 제38조 4항은 술탄의 권한과 역할을 침해하는 어떠한 법률도 술탄회의의 동의 없이 통과되지 않을 것을 명시하고 있다. 상기 두 조항은 양원을 통과한 법률안이 술탄회의의 동의를 얻어 술탄 아공이 최종적으로 승인해야만 법률로서 효력을 발생함을 의미한다. 뿐만 아니라 38조 4항과 관련해 술탄회의가 그 판단을 독자적으로 할 수 있다. 더욱이 만약 술탄 아공이 38조 4항에 의거해 양원을 통과한 법률안을 승인하지 않을 경우 그에 대한 적절한 사유와 함께 의회로 반려해야 하는 기한을 명시하고 있지 않다. 따라서 술탄 아공의 법률 승인권은 경우에 따라 의회의 가장 중요한 기능 중 하나인 입법권의 마비를 초래할 수 있는 강력한 권한이다.

이상에서 논한 바와 같이 연방정부 차원의 실질적인 권한은 물론 국가의 수반으로서 연방헌법이 술탄 아공에게 부여한 다양한 상징적인 권한 또한 다민족 국가인 말레이시아에서 "국가의 말레이적 가치"를 강화하며 여러 면에서 간접적으로 무시할 수 없는 영향력을 발휘한다. 그 첫 번째로 헌법에 명시된 술탄 아공의 의전적인 기능을 들 수 있다. 정부 차원의 주요 의전 행사를 주관할 때 술탄 아공은 고대 말레이 왕실의 장엄한 의식 절차를 재현한다. 예를 들어 의회의 개원식 때 수상을 포함한 정부의 주요 지도자들이 술탄 아공에게 복종을 표하는menghadap 장면을 전국에 텔레비전으로 생중계함으로써 과거 멀라카 왕국의 영광을 재현해 말레이적 특징을 강조한다. 같은 목적으로 정부 주요 관직을 임명할 때 역시 성대한 의전 절차

말레이시아의 군을 사열하는 술탄 아공. 이처럼 술탄 아공은 엄숙한 의전적인 행사를 통해 여전히 자신의 위상과 역할을 유지, 강화하고 있다.

와 함께 임명장으로 고대 왕권을 표시하는 수랏 따우리아surat tauli-ah를 사용한다(Lowe 1982: 76-77; Chandra 1979: 108).

술탄 아공은 국가 유공자에게 말레이 왕국에서 유래한 다또Dato, 딴 스리Tan Seri, 뚠Tun 등의 명예 타이틀을 수여함으로써 그들에게 국왕의 권위를 전수한다. 그 타이틀을 수혜자, 특히 정치인에게 그 명예는 정치적인 영역은 물론 사회적인 영역에서도 넓은 운신 폭을 제공한다. 이로써 그 타이틀의 수여는 사회 전체에 말레이적 가치의 확산은 물론 수혜자들의 지지를 바탕으로 입헌군주제의 위상을 강화하는 역할을 한다(Chandra 1979: 108). 뿐만 아니라 술탄 아공의

그 같은 권한은 비말레이인을 말레이인의 의전 생활에 동참하도록
권장해 국민통합에도 기여한다. 술탄 아공의 사면권 또한 비말레이
인에게 그와 유사한 기능을 한다(Lowe 1982: 77).

그 이외에도 술탄 아공은 재임 시 전국 각주를 순회할 때 방문한 주
에 반드시 국왕의 방문을 알리는 "깃발 게양식showing of the flag"을
거행한다(Lowe 1982: 77). 이 의식을 통해 술탄 아공은 그가 국가의
최고의 수반임을 알리며 각주의 지역분권의식의 희석을 통해 국가
통합에 기여한다. 또한 국가 주요 행사 때 술탄 아공의 참석과 의전활
동은 정부에 정통성을 부여할 뿐만 아니라 비말레이인 야당 세력이
말레이적 가치를 묵시적으로 받아들여 암노를 중심으로 한 정부 주
도의 헌정 절차를 쉽사리 방해하지 못하도록 하는 역할을 한다.

2. 술탄 권한과 역할

연방정부 차원에서 헌법이 명시하고 있는 말레이시아의 왕권은 사
실상 "잠재적인 성격이 강한 권한potential power"이다. 따라서 제한
된 임기의 선출직으로서 평상시 술탄 아공의 권한과 역할은 내각의
조언을 이행하는 의무에서 자유롭지 못할 뿐만 아니라 국가의 수반
으로서 다양하게 요구되는 의식과 의전행사에 보다 많은 노력을 기
울이는 일반적인 입헌군주와 큰 차이가 없어 보인다(Tan Sri 1976:
22). 반면 헌법적인 권한 이외에도 종신 임기의 경외적인 세습직에
바탕을 둔 주 정부 차원의 왕권은 연방정부 차원의 그것과는 대조적
으로 유사시에 힘을 발휘하는 잠재적인 권한을 넘어선다. 각주의 술
탄은 무엇보다도 종신임기를 바탕으로 주 전체의 관료들과 두터운

교분을 맺고 있다. 뿐만 아니라 술탄은 두 개의 분리된 술탄제 하부 조직인 이슬람 관료 및 업무체제와 술탄궁의 관료체제를 독자적으로 관장한다. 특히 말레이 전통사회의 정점으로서 그 위상과 권한을 바탕으로 술탄은 주 정부의 정치적 실권자인 먼뜨리 버사르에게 강력한 적 또는 후원자로 그의 입지에 막강한 영향력을 행사할 수 있다(Lowe 1982: 84).

주 헌법은 모든 행정권을 먼뜨리 버사르에게 부여하고 있다. 그러나 모든 행정사의 집행은 술탄의 이름으로 합법화된다. 이 과정에서 이론적으로 술탄은 먼뜨리 버사르의 조언을 의무적으로 따르도록 되어있다. 그러나 실제로 정책결정 과정에서 먼뜨리 버사르에게 영향력을 행사하는 방법 이외에 다른 공식적인 채널을 갖고 있지 못한 술탄이 먼뜨리 버사르를 조언하는 경우가 흔하다. 주 정부에서 이 같은 술탄과 먼뜨리 버사르 간의 탈 헌법적인 관계는 항시 양자 간에 긴장을 촉발할 소지를 내포할 뿐만 아니라 나아가 술탄과 수상과의 관계에도 연쇄적인 영향을 미친다(Lowe 1982: 84-85).

주 정부차원에서 술탄과 먼뜨리 버사르 각자에게 주어진 헌법적인 역할은 여러 영역에서 그들에게 상호 긴밀한 협조를 요구한다. 먼뜨리 버사르는 거의 모든 정치적인 과정에서 술탄의 동의, 승인 또는 묵과를 필요로 한다. 또한 그가 술탄에 의해 임명된 뒤 먼뜨리 버사르는 주 정부 내각Exco(State Executive Committee)에 임명하기를 원하는 인물들의 명단을 술탄에게 제출한다. 이처럼 주 정부 각료의 임명권 이외에도 술탄은 독자적으로 그들을 해임할 수 있는 권한을 갖고 있다. 만약 먼뜨리 버사르가 그 각료를 해임할 경우엔 술탄의 동의를 받아야 한다. 주 정부 각료는 주 의회에서 자신의 집단을 대표하는 인물로서 먼뜨리 버사르에 대한 각료의 지지도가 곧 주 의회와 여러 선거에서 그의 지지도와 직결된다. 이러한 역학관계 속에서 먼뜨리 버사르가 주 의회 및 각종 선거에서 다수의 지지를 확보하기 위해선 술탄과의 긴밀한 협력이 불가피하다(Lowe 1982: 85).

주 정부차원의 모든 토지와 관련된 문제는 주 술탄의회Ruler-in-Council에서 결정한다. 개발을 위한 토지의 중요성 및 토지의 정치적인 동원 효과를 감안할 때 술탄은 그 권한을 이용해 개발유형과 동원효과의 정도를 조절하며 비공식적으로 주의 정치, 경제 분야에 상당한 영향력을 행사할 수 있다(FEER, 1983/6/30).

술탄은 또한 그의 가문과 관습 및 종교적인 문제에 대한 독점적인 정책 결정권을 갖고 있다. 술탄은 여러 위원회를 통해 그 문제들에 관한 정책을 결정한다. 그 중 계승위원회Council of Succession가 상기 문제와 관련해 중추적인 역할을 담당한다. 왕가 혈통의 순수성을 보존하기 위해 술탄의 근친은 결혼하기 전에 계승위원회의 허락을 받아야 한다. 또한 계승위원회는 왕위 계승을 둘러싼 분쟁을 조정함으로써 군주제의 안정에 기여한다. 그밖에 계승위원회는 왕가의 근친이 현실 정치에 참여하기 위해선 사전에 술탄의 동의를 받아야 하는 등의 규정을 통해 정치적으로 불리한 간섭으로부터 왕가를 보호하는 역할을 한다(Lowe 1982: 86).

연방정부 차원의 술탄 아공처럼 주 정부 차원에서 술탄 역시 상징적인 역할을 통해 간접적으로 여러 분야에 영향력을 행사한다. 예를 들어 술탄은 먼뜨리 버사르가 주재하는 주 의회의 새로운 회기의 개원, 각종 예산 회기 등 주요 행사에 참석해 그 행사에 합법성을 부여하는 역할을 하는 반면 참석을 거부해 먼뜨리 버사르와 각료들의 정치적 입지를 약화시킬 수도 있다. 또한 주의 유공자에게 다뚝Datuk 이란 명예 타이틀의 수여를 통해 말레이적 가치와 자신의 위상을 제고한다. 뿐만 아니라 술탄은 사면권을 갖고 있다. 이 권한을 행사하기 위해선 주 사면위원회의 조언을 받도록 되어있으나 그 조언을 따르는 것은 의무사항이 아니다(Lowe 1982: 86-87).

1957년 머르데까 헌법이 연방정부와 주 정부차원에서 명시하고 있는 말레이시아 왕권의 초헌법적인 위상은 전후 탈 식민지화 과정에서 말레이인의 전통적인 특권과 이익을 수호하는 최후의 보루로서의 효용성을 입증한 술탄제와 이를 바탕으로 말레이인의 정치적 헤게모니를 영속적으로 유지, 강화하려는 암노의 정치 엘리트 간의 타협의 산물이다. 따라서 독립 이후 1970년대 말까지 1963년 인도네시아의 대결국면[1], 1965년 싱가포르의 연방 탈퇴, 1969년의 인종집단 간 유혈사태의 와중에서 비말레이인의 도전으로부터 말레이인의 전통적인 특권과 이익을 보호하려는 목적으로 "인종 간 정치inter-racial politics"가 정치적인 장을 지배하는 동안 말레이시아의 왕권은 지속적으로 강화되는 현상을 보였다. 특히 1969년 유혈사태의 한 결과로 술탄의 권한과 역할을 공개적으로 논하는 것을 금지시킨 1971년에 수정된 소요법률의 영향으로 말레이시아 왕권의 초헌법적인

---

1) 1963년 말레이시아 연방Federation of Malaysia을 결성하는 과정에서 중국인이 인구의 대다수를 차지하고 있는 싱가포르의 참여는 암노의 말레이 정치인들에게 연방 내 인종적 비율의 불균형을 우려하게 만들었다. 그 결과 그들이 광의의 인종 분류상 말레이인orang Melayu이 인구의 대다수에 차지하고 있는 사바와 사라왁을 말레이시아 연방에 합류시키려 하자 인도네시아의 수까르노 대통령이 그 연방의 결성을 "신제국주의"라고 비난하며 그를 저지하기 위해 말레이시아와의 무력 충돌도 불사하겠다고 선언했다.

위상이 절정에 달했다. 이를 바탕으로 1970년대 말 빠항, 조호르 및 뻬락 주에서 술탄과 먼뜨리 버사르 간에 빚어진 권력투쟁에서 술탄이 일방적으로 승리를 거둠으로써 그들의 건재한 위상과 역할을 재확인시켜 주었다(FEER, June 30 1983). 그 위상과 역할은 1981년 마하띠르가 수상으로 취임하기 이전까지 아무런 도전을 받지 않았다.

Ⅲ. 술탄(아공)의 권한과 역할에 대한 도전

1983년 10월 마하띠르 정부는 의회를 통과한 두 개의 연방헌법 수정안을 술탄 아공에게 제출했다. 그러나 술탄 아공이 그 수정안에 대한 승인을 거부한 결과 정부와 군주 간에 치열한 힘겨루기가 전개되면서 말레이시아 헌정사에 큰 파장을 몰고 온 소위 "헌법위기con-stitutional crisis"가 촉발되었다.

1. 첫 번째 헌법위기

마하띠르 정부가 술탄 아공에게 승인을 얻기 위해 제출한 연방헌법 수정안의 골자는 다음과 같다:

법안은 양 디뻐르뚜안 아공의 승인을 받아 법이 된다(연방헌법 제 66조 5항).

(수정안)

법안은 양 디뻐르뚜안 아공의 승인을 받아 법이 된다. 만약 어떤 이유로 간에 양 디뻐르뚜안 아공에게 제출된 법안이 15일 이내에 승인을 받지 못할 경우 그 법안은 그의 승인을 받은 것으로 간주해(필자 강조) 법이 된다(Lee 1984: 23).

만약 **양 디뻐르뚜안 아공**(필자 강조)이 연방의 안보, 경제적인 생활 또는 공공질서에 중대한 위기가 존재하거나 그로 인해 어떤 다른 분야가 위협을 받는다고 판단할 경우 비상사태를 선포할 수 있으며 그로써 비상사태는 효력을 발생한다(연방헌법 제 150조 1항).

(수정안)

만약 **수상**(필자 강조)이 연방의 안보, 경제적인 생활 또는 공공질서에 중대한 위기가 존재하거나 그로 인해 어떤 다른 분야가 위협을 받는다고 판단할 경우 양 디뻐르뚜안 아공은 수상의 조언에 따라 비상사태를 선포하며(필자 강조) 그로써 비상사태는 효력을 발생한다(Lee 1995: 35).

그렇다면 마하띠르 정부가 상기 수정안을 제출한 이유가 무엇일까? 어떠한 공식적인 이유도 발표되지 않았지만 여러 정황으로 보아 그 이유는 당시 술탄 아공의 임기가 1984년 4월에 만료됨에 따라 새로운 술탄 아공을 선출하는 문제와 직접적으로 관련되어 있음이 분명하다. 헌법학자 딴 치 쿤Tan Chee Koon은 사설 "Without Fear or Favour"을 통해 그 이유와 관련해 다음과 같이 언급하고 있다.

(1984년) 4월에 현 술탄 아공의 임기가 만료됨에 따라 새로운 국왕을 선출할 것이다. 새로운 술탄 아공의 가장 유력한 후보는 뻬락과 조호르의 술탄이다. 그들 둘은 모두 강한 성품의 소유자로 정부에 반기를 들 가능성이 높다. 이 같은 예상을 전제로 정부는 술탄 아공의 권한 축소에 착수했다(The Star, 1984/1/4).

연방정부의 헌법 수정안이 새로운 술탄 아공으로 유력시되는 두 술탄의 성향에 대한 우려에서 비롯된 만큼 이 시점에서 그들에 대한 우려의 근거를 검토하는 것이 필요하다. 독립 이후 몇몇 주에서 술탄과 먼뜨리 버사르 간에 여러 차례 정치적 마찰이 빚어졌다. 그 중 특히 뻬락의 술탄 이드리스(Idris)는 먼뜨리 버사르들과의 잦은 마찰 전역으로 유명했다. 이드리스는 까마루딘 맛 이사Kamaruddin Mat Isa와 마찰을 빚은 뒤 그의 후임자인 딴 스리 가잘리 자위Tan Sri Ghazali Jawi와 더욱 심각한 불화를 겪었다. 술탄은 그의 해임을 여러 차례 시도한 뒤 뜻을 이루지 못하자 그가 참석하는 모든 의전 행사에 동참을 거부했다. 둘 간의 관계가 더욱 악화되자 술탄은 시위의 한 수단으로 턱수염을 기르기 시작하면서 가잘리가 먼뜨리 버사르직을 사임할 때까지 면도를 하지 않겠다고 협박을 가했다. 결국 가잘리가 사임하자 술탄은 후임자로 그가 선호하는 완 모하메드 Wan Mohamed를 임명했다(Lee 1984: 25; FEER, 1983/6/30).

조호르의 술탄 마흐무드 이스깐다르Mahmud Iskandar 역시 이드리스 술탄과 유사한 전력을 갖고 있었다. 마흐무드는 14년간 먼뜨리 버사르직을 수행해 온 오스만 사앗Othman Saat과의 불화 끝에 자신을 위해 그에게 집무실 건물을 비우도록 명령했다. 결국 오스만은

건물을 비웠으나 선거가 임박함에 따라 집무실로 복귀했다. 그러자
연방정부는 그가 너무 오랜 기간 먼뜨리 버사르직에 있었다는 이유
를 들어 선거에 그를 공천하지 않음으로써 마흐무드와의 불화를 매
듭지었다(Lee 1984: 26; FEER, 1983/6/30).

이밖에도 연방정부의 우려는 그 두 술탄이 차기 술탄 아공 및 부
술탄 아공으로 선출될 수밖에 없는 상황에서 비롯되었다. 연방헌법
제32조 2항은 술탄 아공의 선출에 대해 다음과 같이 명시하고 있다.

> 술탄은 만약 그가 미성년자이거나 또는 옥인의 관리자Keeper of the
> Rulers' Seal에게 선출될 의사가 없다고 통보했거나, 술탄회의의 비밀투표
> 로 그가 심신의 장애 또는 다른 사유로 양 디뻐르뚜안 아공직을 수행하기
> 에 부적합하다고 결의한 경우가 아니면 그는 (술탄회의에서) 양 디뻐르뚜
> 안 아공으로 선출될 자격이 있다. 양 디뻐르뚜안 아공의 선출은 선출목록
> election list이 정한 우선 순위에 따른다. 우선 순위는 술탄에 즉위한 시점
> 에 바탕을 두며 1957년의 선출 목록은 조호르, 빠항, 느그리 슴빌란, 슬랑
> 오르, 끄다, 뻐르리스, 끌란딴, 뜨랭가누, 뻬락 주 순으로 우선 순위를 정하
> 고 있다. 만약 최우선 순위 및 상기 다른 기준에 의거해 선출될 자격을 갖
> 춘 술탄이 차기 양 디뻐르뚜안 아공직을 고사했을 경우 바로 다음으로 선
> 출목록에 올라있는 주의 술탄에게 그 기회가 주어진다. 매 선출 뒤 (5년
> 단위) 바로 전임자의 주는 선출목록의 맨 뒤에 위치하며 이미 양 디뻐르뚜
> 안 아공으로 선출된 술탄의 주는 최우선 순위에서 제외된다. 주의 술탄이
> 바뀔 때마다 그 주는 선출목록의 맨 뒤에 위치한다.

상기 조항에 입각해 1984년의 선거목록에 뻬락에 이어 조호르 주

가 우선 순위를 차지하고 있었다. 따라서 그 두 주의 술탄 모두가 양 디뻐르뚜안 아공직을 고사하지 않는 한 그들은 술탄 아공과 부 술탄 아공으로 선출되는 것이 자명했으며 또한 그 둘 모두 아공직에 강한 집착을 보이면서 마하띠르 정부의 우려를 더욱 자극했다.

1983년 10월 12일, 13일 이틀에 걸쳐 사바 주의 꼬따 끼나발루에서 심장마비로 투병 중인 술탄 아공이 불참한 가운데 개최된 128차 술탄회의에서 술탄들은 연방정부가 술탄 아공의 승인을 위해 제출한 수정안이 연방헌법 제38조 4항 —"술탄의 권한과 역할에 직접적으로 영향을 미칠 어떠한 법률도 술탄회의의 동의 없이 통과되지 않을 것"—에 위배된다고 주장하며 술탄 아공에게 그 수정안의 승인을 거부할 것을 강력하게 제안했고 그는 결국 그들의 결의를 받아들였다(Rawlings 1986: 249; Stockwell 1988: 188).

술탄 아공의 승인거부에 직면해 마하띠르 내각이 적절한 대응책을 서두르는 동안 말레이 사회에 분열의 조짐을 보이기 시작했다. 문화, 청소년 및 스포츠부 장관으로 암노의 청년운동을 이끌고 있던 안와르 이브라힘Anwar Ibrahim은 술탄들과 관계없이 즉각적으로 그 수정안의 개짓팅gazetting을 통해 법률적인 효력을 부여할 것을 제안했다. 다른 암노의 주요 지도자인 슬랑오르 주의 다뚝 하룬 이드리스Datuk Harun Idris와 끌란딴 주의 뜽꾸 라자레이 함자Tengku Razaleigh Hamza는 술탄들의 편에 섰다. 뜬꾸 압둘 라흐만 전 수상은 정부에게 수정안의 처리를 연기할 것을 권유했다. 말레이 유권자를 대상으로 암노와 라이벌 관계에 있는 빠스PAS(Parti Islam Se-Malaysia)도 분쟁에 편승해 술탄의 편을 들었다(Stockwell 1988: 189).

  마히띠르 내각과 술탄들 간의 힘겨루기에 신문, 방송 등 대중매체
가 동원되면서 정치인들의 분열은 곧 말레이 사회 전체로 비화되었
다. 1983년 11월 4일 안와르 이브라힘에 의해 조직된 1,500명의 청년
지도자들이 개혁을 외치며 시위를 벌였다. 이에 맞서 술탄도 자신의
주에서 여러 대중 회합을 가졌다. 뻐르리스 주의 술탄은 수백 명의
지지자들과 함께 다과회를 열어 술탄들의 확고한 입장을 재천명했
다. 뻬락 주에서도 650명이 꾸알라 룸뿌르의 스테이션 호텔에서 저
녁 식사를 하며 술탄들의 결의를 지지했다. 이 같은 술탄들의 시위
는 11월 20일 슬랑오르 주의 샤 알람에서 열린 회의에서 그 절정을
보였다. 정부와 비교해 대중 매체에 접근이 용이하지 않은 술탄들은
샤 알람의 행사를 방영하는 텔레비전 방송을 통해 전통적인 전투복
과 군복을 입은 그들의 결의에 찬 모습을 포함해 수천 명의 군중이
꼬따 바루 공항에서 샤 알람으로 떠나는 끌란딴의 술탄을 배웅하는
장면을 방영하며 그들의 기세를 과시했다. 뿐만 아니라 술탄들은 재
정안 money bill과 선거구의 재조정 등 1984년 총선을 위해 마련된
다른 중요한 수정안에 대한 승인 연장을 시사하며 마하띠르를 압박
했다(Rawlings 1986: 250; Stockwell 1988: 189-190).

  술탄들의 강한 저항과 암노의 분열로 마하띠르 수상은 수세에 몰
렸다. 더욱이 헌법위기가 꾸알라 룸뿌르의 주식시장에 악재로 작용
하면서 만약 주식의 하락을 계속 방치하면 말레이 사회의 분열이 말
레이시아 사회 전체로 비화될 가능성이 예고되었다. 그럼에도 불구
하고 마하띠르 수상은 역공을 준비하며 모든 경찰의 휴가 취소 명령
을 내렸다. 11월 26일 자신의 출신 주인 끄다의 알로르 스따에서 마
하띠르 수상은 대중 연설을 통해 술탄은 수상과 내각의 조언에 충실

한 입헌군주여야 한다는 주장을 내세우며 강력한 개혁의지를 표출했다. 이어 암노 지구당 차원의 단합대회를 통해 술탄들에게 지속적으로 압력을 가했다. 압력이 점차 거세지자 술탄들은 만약 극단적인 경우에 마하띠르 수상이 수정안의 개짓팅을 통해서라도 그 위기를 돌파하려는 상황에서 무한정 입법과정을 차단할 수 없었다. 수상 역시 그 방법을 통해 술탄들에게 굴욕감을 주어 말레이 사회의 분노를 자극하기를 원치 않았다. 결국 양자는 타협 방안을 모색하기 시작했다(Stockwell 1988: 190-91; Rawlings 1986: 250-251).

1983년 12월 15일 투병 중인 술탄 아공을 대신해 부 술탄 아공 Timbalan Yang di-Pertuan Agong이 새해 의회의 특별회기 때 수정안 원안을 수정하는 조건으로 그 안에 서명을 했다. 그 결과 탄생한 1984년 헌법 수정안의 내용은 아래와 같다.

> 양 디뻐르뚜안 아공의 승인을 위해 제출된 법안은 제출된 뒤 30일 이내에 그의 승인을 받는다. 하지만 …… 그가 제출된 법안에 동의하지 않을 경우 30일 이내에 반대 사유와 함께 그 법안을 해당 의회에 반려한다. 만약 그가 30일이 경과될 때까지 그에게 제출된 법안에 아무런 의사를 표하지 않으면 그가 법안에 동의한 것과 마찬가지로 그 기간이 만료되는 시점에 법으로서의 효력을 발생한다(연방헌법 제 66조 4B항).

이에 상응하는 주 헌법과 관련해 수상은 각주의 술탄으로부터 주 의회가 그의 승인을 위해 제출된 법안에 비합리적으로 승인을 유보하지 않는다는 "구두 확약verbal assurance"을 받았다(Lee 1984: 33). 비상사태 선포에 관한 수정안은 수상에게 "충분히 정당화되기 어려운wholly unjustifiable” 결정권을 허락할 수 있다는 우려의 목소리에 밀려 술탄 아공이 일방적으로 비상사태를 선포하지 않는다는 구두 확약과 함께 원래의 법안으로 환원되었다(Lee 1984: 34-35).

그렇다면 1983년 헌법위기의 결과 과연 누가 승자인가? 1984년 헌법 수정안으로 인해 연방정부 차원에서 법안 거부권veto power을 상실함으로써 술탄은 권한의 일부를 상실했다. 뿐만 아니라 헌법위기를 거치면서 술탄은 그의 권한과 역할에 대한 공개적인 토론이 더 이상 금기 사항으로 간주되지 않는 상처를 입었다. 그러나 술탄 아공이 독립 이후 단 한번도 연방법안에 대한 승인을 거부해본 적이 없는 가운데 그 승인권은 사실상 형식적인 또는 기껏해야 잠재적인 권한으로 인식되었다. 헌법위기는 술탄 아공에게 최장 60일 동안 입법과정을 지연시킬 수 있는 전례 없는 실질적인 권한을 부여함으로써 이제 그는 그 권한을 통해 입법과정에 직간접적으로 영향을 미칠 수 있는 입지를 확보했다. 또한 단지 구두확약과 함께 비상사태 선포와 관련된 수정안의 철회와 주 정부의 법안에 대한 승인권의 유지는 술탄들의 초헌법적인 위상을 재확인시켜 주었다. 마하띠르 정부와 술탄 양자 간에 득실이 분명한 가운데 누구도 일방적인 승리를 거두지 못했다. 하지만 종합적으로 볼 때 1983년의 헌법위기는 말레이 사회에서 술탄의 권한과 역할의 건재함을 다시 한 번 입증해준 사건임에 틀림없다.

2. 두 번째 헌법위기

1992년 또 한 차례의 헌법위기는 조호르의 술탄 마흐무드 이스깐다르가 술탄 아부 바까르 대학Maktab Sultan Abu Bakar의 하키 코치인 더글라스 고메즈Douglas Gomez를 구타한 사건에서 비롯되었다. 이 사건은 조호르 한 하키팀의 일원인 술탄의 아들 뚠꾸 마지드 Tunku Majid가 한 뻬락팀과의 경기에서 패하자 그 팀의 골키퍼를 구타한 사건과 연계되어 일어났다. 이 사건으로 뚠꾸 마지드는 말레이시아 하키연맹으로부터 5년간의 출장정지라는 중징계를 받았다. 그가 징계를 받은 직후 조호르의 많은 하키팀들이 갑자기 말레이시아 하키연맹이 주관하는 다양한 대회에 참가를 거부했다. 이때 고메즈는 그의 대학의 하키팀은 "외압에 의해 대회에 나갈 수 없음"을 신문을 통해 밝히며 조호르 하키협회의 임원들에게 사퇴를 요구했다 (New Sunday Times, 1992/11/29). 그러자 11월 30일 고메즈는 술탄의 호출을 받은 뒤 조호르의 한 신문사에 다음과 같은 글을 남겼다.

조호르 바루의 술탄 아부 바까르 대학의 하키 코치인 본인 더글라스 고메즈는 며칠 전 자신이 신문에 밝혔던 내용은 왜곡 보도된 것으로 사실이 아니다(New Straits Times, 1992/12/1).

그 다음날 고메즈는 얼굴에 난 상처를 치료하기 위해 병원을 찾았고 이어 조호르의 술탄이 그를 술탄궁에서 구타했다고 경찰에게 보고했다. 그 직후 정치인들이 이 사건을 거론하기 시작하면서 소위 "고메즈 사건"은 말레이시아에서 또 한번의 헌법위기로 발전되었다. 12월 10일 연방의회의 하원은 다음과 같은 결의를 만장일치로 통과시키며 연방헌법의 수정을 강력히 시사했다.

오늘 하원은 비통함을 느끼며 1992년 11월 30일 조호르의 술탄에 의해 그의 궁에서 구타를 당한 말레이시아의 한 시민 더글라스 고메즈와 관련된 사건을 진지하게 검토하기 위해 모였다. 하원은 그 사건을 입헌군주제도와 의회민주주의 체제를 바탕으로 하는 연방헌법에 배치되는 사건으로 결정한다. 하원은 유사한 사건이 재발되지 않도록 모든 필요한 조치를 취할 것을 결의한다(New Straits Times, 1992/12/11).

이 결의 직후 연방 대법원은 경찰에게 조호르 술탄의 아들 뜬꾸 마지드의 기소와 술탄의 구타혐의를 조사하도록 명령했다(New Straits Times, 1993/1/27). 이어 정부는 술탄의 민형사상 소추 면제권을 박탈하기 위해 신속한 행보를 시작했다. 암노 최고 위원회는 긴급회의를 열어 정부에게 연방헌법을 수정할 필요성을 제안했다. 국민전선 National Front의 최고위원회는 곧 긴급회의에서 그 제안을 채택했다. 이 회의를 주재한 뒤 마하띠르 수상은 연방헌법의 수정을 위해 한 달간 하원의 특별회기를 소집할 것을 발표했다. 1993년 1월 6일 연방 내각은 제안된 헌법수정안의 초안을 만장일치로 통과시켰다.

1월 9일 그 법안의 초안이 술탄들에게 제출된 뒤 1월 17일에 술탄과 정부의 대표가 비공식 회의를 개최했다. 이 회의에서 양측은 그 초안의 몇 부분을 수정하기로 합의했다. 연방정부가 마련한 2차 수정안의 내용은 다음과 같다.

연방의 최고 수반인 양 디뻐르뚜안 아공은 연방의 모든 사람보다 지위에서 우선하며 어떤 법정에서도 법적인 절차를 받지 않는다 (연방헌법 제 32조 1항).

(수정안)

연방의 최고 수반인 양 디뻐르뚜안 아공은 연방의 모든 사람보다 지위에서 우선하며 민형사상 그의 범행을 재판할 특별법정을 제외하고 (필자 강조) 어떤 법정에서도 법적인 절차를 받지 않는다.

어떤 법정도 주의 술탄을 그의 개인적인 행위로 법적인 절차를 받도록 할 수 없다 (헌법 제 181조 2항).

(수정안)

특별법정을 제외하고 어떤 법정도 주의 술탄을 그의 개인적인 행위로 법적인 절차를 받도록 할 수 없다.

1월 18일에 개최된 술탄회의에서 상기 수정안에 대한 자신들의 입장을 정리하기 위해 술탄들은 11시간의 긴 회의를 개최한 끝에 특별법정이 자신들을 위해 가장 적절한 장이 아니라는 견해를 밝혔다. 또한 그들은 기소되기 전에 술탄으로의 기능 박탈과 관련해 적절한 국가기관에 의견을 개진할 자문위원회Advisory Council의 설치를 제안했다. 또한 적절한 국가기관과 자문위원회의 설치를 위해 더 많은 논의와 협의가 필요하다는 주장을 폈다(New Straits Times, 1993/1/19).

그러자 마하띠르 수상은 술탄들의 지속적인 협의 요청에 맞서 그들의 사생활, 공금횡령, 각종 이권개입 등의 비리를 언론에 흘리며 법률절차를 서둘렀다. 2차 수정안은 아무런 어려움 없이 술탄회의 다음날인 1월 19일에 하원을 그 다음날 상원Dewan Negara을 통과

골프를 즐기는 술탄 아공. 마하띠르 수상은 1983년과 1992년 두 차례의 헌법위기에서 술탄 및 술탄 아공과 심각한 정치적 마찰을 빚자 그들의 호화스런 생활을 언론매체에 공개하도록 유도했다. 마하띠르 수상은 술탄들과 정치적 파워게임에서 우위를 점하기 위해 그동안 금기시되어 왔던 술탄들의 위상을 훼손하는 데 적극적이었다.

했다. 이제 술탄들의 민형사상 소추 면제권을 박탈하기 위해 술탄 아공의 승인절차만 남아있었다. 술탄 아공은 술탄회의에서 합의를 도출한 몇 가지 수정제의와 함께 자신에게 제출된 안을 하원으로 반려했다. 결국 그 법안은 다시 수정을 거친 뒤 1993년 3월 9일 하원을 통과함으로써 법적인 효력을 갖게 되었다(New Straits Times, 1993/3/10). 1993년의 헌법수정안은 술탄회의에서 합의된 수정제의를 다음과 같은 조항을 통해 반영했다.

만약 양 디뻬르뚜안 아공이 특별법정에 기소될 경우 그의 모든 기능은 정지된다. 이 규정은 주의 술탄에게도 마찬가지로 적용된다(연방헌법 제 33조 A/ 33조 1A).

양 디뻬르뚜안 아공과 술탄에 대한 어떠한 법적 행위도 대법관의 승인 없이 진행되지 않는다. 이 법안이 법적인 효력을 발생하기 이전에 술탄이 행한 개인적인 행위는 그 법의 저촉을 받지 않는다(연방헌법 제 183조).

이처럼 고메즈 사건으로 인해 촉발된 1992년의 헌법위기에서 조호르의 술탄은 연방헌법 제183조에 의해 법적인 심판을 받는 최초의 군주라는 불명예는 피했으나 술탄 모두는 1983년과는 달리 마하띠르 수상에 의해 일방적으로 독립 이후 그들이 누려오던 중요한 권한을 박탈당하는 수모를 겪었다.

3. 말레이 중산층의 성장과 술탄의 권한 약화

1992년 헌법위기가 1983년과는 대조적으로 술탄들이 수세에 몰린 가운데 마하띠르 수상의 일방적인 승리로 끝난 이유는 무엇일까? 연방정부는 1983년과 달리 술탄들과의 일전을 위해 잘 준비가 되어 있었다. 1983년 헌법위기에게 자신의 뜻을 마음껏 관철하지 못한 마하띠르 수상은 1984년부터 정적 제거 작업에 착수했다. 1984년 중엽 술탄의 편에 섰던 주요 인물 중 다뚝 하룬 이드리스는 정계를 떠났다. 딴 스리 가잘리 샤피Tan Sri Ghazali Shafie는 각료직을 사임했다. 뚱꾸 라자레이 함자는 암노 부의장 경선에서 낙선했다. 반면 그의 개혁을 지지했던 "막강한 7인magnificent seven"이라 불리는 아딥 아담Adib Adam, 안와르 이브라힘, 압둘라 아흐맛 바다위Abdullah Ahmad Badawi, 라이스 야띰Rais Yatim, 라피다 이지즈Rafidah Aziz, 사누시 주니드Sanusi Junid 및 샤리르 사마드Sharir Samad

말레이시아의 제 4대 수상 마하띠르 빈 모하마드. 1981년 말레이시아의 초대 평민수상이 된 그는 이전의 수상들과 비교해 술탄에 대한 경외심이 부족하다는 평을 들었다. 이 같은 사실을 뒷받침하듯 그는 술탄의 위상과 권한을 약화시키기 위해 1983년과 1992년 두 차례에 걸쳐 헌법위기를 촉발시켰다. 이 밖에도 재임 중 아시아적 가치의 주창자로 세인들에게 많은 화재거리를 제공했던 마하띠르는 2003년 10월 31일 압둘라 바다위에 의해 교체될 때까지 23년 동안 수상직을 수행했다.

(FEER 1983/12/22)는 내각에 입성했다. 이어 1987년 암노의 의장 및 부의장 경선을 둘러싸고 벌어진 "Team A "(Mahathir - Abdul Gafar Baba)와 "Team B"(Tengku Razaleigh Hamza - Musa Hitam) 간에 치열한 권력투쟁에서 승리한 뒤 마하띠르 수상은 뚱꾸 라자레이 함자 등 잔여 정적을 당으로부터 완전히 축출했다. 그 밖에도 마하띠르 수상은 1984년 3월 인쇄 및 출판 법률Printing and Publications Act의 발효를 시작으로 언론을 장악하기 시작했다(The Times, 1984/3/29). 이상의 결과로 마하띠르 수상은 1990년대 초 독립이후 가장 강력한 "패권주의적" 수상으로의 입지를 확고하게 굳혔다. 이처럼 변화된 상황하에서 술탄들이 마하띠르 수상의 도전에 직면해 반대세력을 동원하는 것은 사실상 불가능해 보였다.

그렇다면 마하띠르 수상이 두 차례에 걸쳐 다민족 국가인 말레이시아에서 말레이인의 전통적인 특권과 이익을 보호하는 최후의 보루로서 초헌법적인 위상을 유지하고 있는 술탄들의 권한과 역할을 약화시키거나 박탈한 근본적인 이유는 무엇일까? 부분적으로 그 이유는 마하띠르 수상의 출신배경과 관련이 있다. 초대 평민출신의 수상으로서 마하띠르는 그 이전의 수상들과 비교해 술탄에 대한 존경도가 낮았다. 따라서 그는 다른 어떤 수상보다도 술탄은 수상과 내각의 조언에 충실한 입헌군주라는 기본 원칙에 강한 집착을 보였다.

그러나 보다 근본적인 이유는 1971년부터 실시된 신경제정책 NEP(New Economic Policy)과 그로 인한 말레이 중산층의 형성과 밀접한 관계가 있다. 이 사회계층의 등장과 함께 말레이시아의 정치적 흐름은 인종 간 정치에서 "인종 내 정치intra-racial politics"로 전환되기 시작했다. 이때부터 말레이 사회는 경제적 혜택의 정도에 따라 분열의 양상을 보이기 시작했다. 신경제정책의 최대의 수혜자인 말레이 중산층은 그들의 정치적인 입지와 경제적인 부를 위해 독립 이후 전통사회의 술탄들을 대신해 말레이 사회의 "새로운 후원자new patron"로 떠오른 암노에 전적으로 의존했다. 반면 경제발전의 분배에서 소외된 말레이 계층은 여전히 술탄들을 그들의 보호자로 믿고 있었다. 1983년 헌법위기 때 술탄들이 낙후된 북동부 주에서 지지를 받은 반면 마하띠르 수상은 신경제정책의 혜택으로 경제발전을 이룬 서부의 주에서 지지를 확보한 점이 그 사실을 잘 대변한다(Rawlings 1986: 254). 암노와 정치적으로 유대가 깊은 그들이 경제활동에 적극적으로 참여하면서 술탄들과 비즈니스의 장에서 경쟁관계가 되었다. 그들은 주의 토지개발 및 다른 각종 사업의 이권을 둘러싸고 술탄과 잦은 마찰을 빚으면서 불만이 고조되자 술탄의 초헌 법적인 위상을 압도할 수 있는 강력한 중앙정부를 원하게 되었다. 이와 관련해 찬드라 무자파르Chandra Muzaffar는 다음과 같이 언급하고 있다.

> 말레이 중산층은 지난 15년 동안 급속히 팽창했다. 증대된 정치, 경제력을 바탕으로 그들은 더 이상 말레이 사회의 상징적인 보호자인 술탄에게 의존하지 않는다. 바로 정치적인 힘이 자신들의 경제적인 부를 보장한다고 확신하는 그들은 상징적인 보호자로서 술탄의 역할에 회의적이다. 만약 군주제가 그들의 정치적, 경제적 야망에 장애가 된다면 그들은 당연히 술탄의 권한과 역할을 약화시키는 데 주저하지 않을 가능성이 높다(Lee 1995: 98 재인용).

이상의 근거를 토대로 두 차례의 헌법위기는 초대 평민수상으로서 자신의 확고한 정치적인 입지를 위해 말레이 중산층의 지지기반이 필요한 마하띠르가 강한 정부를 원하는 그들의 요구를 실천하는 과정에서 빚어진 사건임에 틀림없다.

IV. 맺음말

1948년 연방정부의 출범과 함께 헌법적인 절차를 통한 독립투쟁이 본격화되면서 암노를 중심으로 말레이 사회에서 술탄제에 대한 미래가 중요한 관심사로 떠올랐다. 1951년까지 암노의 의장으로 재임

한 다또 온은 술탄제의 통폐합과 함께 단일 통치권의 중앙집권적인 정부를 지향하며 자신들의 주에서 전통적인 권한과 위상을 사수하려는 술탄들과 심각한 마찰을 빚었다. 결국 그 논쟁에서 아무런 결과를 얻지 못하고 다또 온이 암노를 떠나자 뜬꾸 압둘 라흐만이 새로운 의장으로 취임했다. 그 후 1953년부터 독립절차가 보다 구체화되면서 뜬꾸는 가능한 한 빠른 시일 내에 독립을 획득하기 위해선 자신들의 미래를 영국에 의존하며 조기 독립에 회의적인 술탄들과 긴밀한 협조가 필요함을 느꼈다. 그러나 말라야 연합 투쟁을 통해 다민족 사회에서 말레이 민족주의의 보루로 거듭난 술탄들은 그 효용성을 바탕으로 자신들의 확실한 미래를 보장받기 위해 뜬꾸에게 협력보다는 견제의 입장을 고수했다.

그러한 가운데 1955년 암노를 중심으로 한 동맹당이 연방의회선거에서 압승을 거두면서 독립이 임박해지자 술탄들은 자신들의 미래를 암노에게 의존할 수밖에 없었다. 이때부터 술탄들의 적극적인 협조로 동맹당은 결국 1957년에 독립을 획득했다. 이 과정에서 암노는 독립 말라야(말레이시아)를 이끌어갈 최고의 정치세력으로의 입지를 확보한 반면 술탄들은 말레이인의 전통적인 특권과 이익을 보호하는 최후의 보루로서 그와 관련된 다양한 실질적인 권한이 부여된 입헌군주로 전환되었다.

독립 이후 입헌군주임에도 불구하고 말레이시아의 헌법에 명시된 술탄 아공과 술탄의 권한과 역할은 사실상 전례를 찾아볼 수가 없다. 연방 정부 차원에서 선출직의 술탄 아공에게 부여된 초헌법적인 여러 권한과 역할은 평상시 잠재적인 것으로 볼 수 있다. 그러나 주 정부 차원에서 종신임기의 술탄은 실질적, 형식적 차원을 넘어 자신에게 부여된 권한과 역할을 바탕으로 무시할 수 없는 정치, 사회적 영향력을 행사할 수 있다. 더욱이 독립 이후 1970년대 말까지 말레이인의 전통적인 특권과 이익에 대한 비말레이인의 지속적인 도전으로 "인종 간 정치"가 정치적 흐름을 지배하는 동안 술탄들의 권한과 역할은 더욱 강화되는 현상을 보였다.

그러나 1981년에 마하띠르가 수상에 오른 뒤 1971년부터 실시된 신경제정책의 결과로 말레이 중간계층이 형성되면서 술탄제의 효용성에 대한 회의론이 제기되었다. 그 시기를 기점으로 인종 간 정치의 장이 "인종 내 정치" 장으로 전환되면서 경제발전의 혜택을 둘러싸고 말레이 사회 계층 간에 분열의 조짐이 보였다. 특히 신경제정책의 최대 수혜자인 말레이 중산층이 암노의 가장 확고한 지지기반으로 부상하면서 그들은 술탄들과 경제적인 이권을 둘러싸고 잦은 마찰을 빚었다. 암노에게 전적으로 의존하는 그들에게 술탄들은 이제 더 이상 말레이 사회의 전통적인 특권과 이익을 보호하는 존재라기보다는 오히려 그들의 정치, 경제적 야망에 걸림돌이었다. 술탄들에 대한 그들의 회의와 불만은 결국 1983년과 1992년 두 차례에 걸친 헌법위기로 발전했으며, 이 과정에서 술탄들은 자신들의 권한과 역할의 일부를 상실했다.

그렇다면 1980년대 초부터 다민족 사회에서 말레이인의 전통적인 특권과 이익의 보호자라는 효용성에 회의론이 제기되면서 두 차례에 걸쳐 심각한 시련을 겪은 말레이시아 왕권의 미래는 어떠할 것인가? 다민족 국가인 말레이시아의 안녕과 번영은 무엇보다도 토착세력으로서, 다수 민족으로서 또한 정치적인 실세로서 말레이 사회의 안정과 단합에 달려있다. 암노가 내부적인 분열에 의해 흔들리지 않는 한 계속해서 말레이 사회의 안정과 단합의 구심점으로서 기능을 할 것이다. 그 가정하에선 술탄제가 지속적인 효용성을 발휘할 수 있는 정치, 사회적 공간이 넓지 않다. 그러나 1987년(Team A-Team B 사건)과 1997년(안와르 이브라힘 사건) 두 차례의 정치변동에서 보듯 그 가정을 전적으로 확신할 수 없음이 분명하다. 더욱이 말레이 사회의 분열은 암노 내부의 정치적 분열에서만 비롯되지 않는다. 신경제정책이후 암노가 주로 말레이 중산층의 이익을 대변하는 동안 경제발전에서 소외된 빈민층은 주로 빠스의 지지세력으로 전환되었다. 이러한 정치, 경제적 말레이 사회의 계층 간의 분열은 이슬람부흥운동의 영향을 받아 더욱 심화되고 있는 양상을 보이고 있다.

2003년 10월 31일 마하띠르와 비교해 볼 때 카리스마와 당내 정치적 기반이 약한 압둘라 아흐맛 바다위Abdullah Ahmad Badawi가 수상직에 올랐다. 새로운 정권하에서 만약 정치인들이 그들의 야망을 숨기지 않는다면 또한 빠스가 그 세를 계속해서 확장하는 데 성공할 경우 말레이 사회의 분열은 더욱 심각해질 수 있는 가능성이 다분하다. 그럴 경우 말레이 사회의 안정과 단합을 위한 남은 마지막 안전핀은 역시 술탄제일 수밖에 없다. 사실상 술탄은 이슬람의 수장으로 이슬람부흥운동을 통제해 말레이 사회의 분열을 막을 수 있는 유일한 대안일 뿐만 아니라 다민족 사회의 구성원 모두가 인종집단 간의 이질감을 극복하고 진정한 국민통합을 이루기 전까지 말레이 사회 나아가 말레이시아 사회 전체의 안정과 단합을 위한 최후의 보루이다. 그러나 그러한 국민통합의 달성이 가까운 장래엔 불가능해 보이는 한 말레이시아의 술탄제는 앞으로도 지속적으로 그 효용성을 유지할 것이다.

　이러한 점을 고려할 때 마하띠르 수상이 행정권의 강화를 위해 말레이시아의 왕권의 위상을 두 차례에 걸쳐, 특히 대중매체를 통해 심각하게 훼손하고 자신은 마치 절대군주처럼 군림한 것은 말레이시아의 미래를 위해 바람직하지 못한 정치적인 실수였다고 볼 수 있다. 왜냐하면 수상은 분명 술탄제와는 달리 말레이시아의 안정과 단합을 위한 최후의 대안이 될 수 없기 때문이다.

태국과 말레이시아의 왕권 비교

Ⅰ. 태국의 왕권

전통왕국 시대 태국의 왕권은 무엇보다도 타이 사회의 보편적 이념인 불교와 긴밀하게 연계되어 발전했다. 성읍국가로 출발한 수코타이 왕국의 통치 범위가 확대되면서 보다 보편적인 왕권 이념이 필요하게 되었으며, 그것은 람캄행 왕 시대에 가부장권 왕권에 불교군주의 개념이 가미된 불교적 왕권의 이념의 확립으로 나타났다. 이후 불교적 왕권은 짜끄리 왕조 시대에 이르기까지 태국이 계속해서 불교 왕국으로 존재하는 한 태국 왕권 개념의 근간을 이루며 발전했다.

왕권, 즉 세속적 권위와 불교, 즉 종교적 권위 간의 이러한 밀착 관계는 무엇보다도 태국이 근대로의 이행 과정에서 식민 지배를 경험

방콕 시내 도처에서 볼 수 있는 태국의 현 국왕인 푸미폰의 사진. 때로는 나라에 대한 근심의 표정을 담고 있는, 때로는 태국 국민에 대한 사랑의 인자한 미소를 띠고 있는 그의 사진은 국왕이 태국 국민들에게 오늘날도 "온정주의적인 아버지"의 이미지로 비쳐지고 있다는 것을 잘 보여준다.

하지 않은 까닭에 어려움 없이 지속될 수 있었다. 뿐만 아니라 국왕이 중심이 된 근대화가 비교적 성공적으로 추진되어 태국이 서구 열강의 식민 통치를 받은 다른 동남아 국가들과는 달리 그 주권을 지킬 수 있다는 믿음이 형성됨으로써, 근대화 시대 태국의 국왕들은 절대군주로서의 위상과 역할을 유지할 수 있었다. 그 결과 19세기 말부터 쭐라롱꼰과 와치라웃이 근대적 민족주의 흐름에서 절대왕정의 존립에 위협을 느껴 "위에서 밑으로" 국왕을 중심으로 근대화를 추진했을 때 태국 국민들은 이를 거부감 없이 받아들였다. 또한 1932년 절대군주제가 입헌군주제로 전환된 후에도 태국의 국왕들은 국민들의 국왕에 대한 신뢰에 힘입어 국가의 이념적 구심점으로 남는 데 성공했다.

오늘날 타이 사회에서 국왕이 입헌군주의 위상에도 불구하고 활발한 사회문화적 역할뿐만 아니라 종종 정치적인 영향까지도 행사하며 태국 국민의 두터운 신뢰와 지지를 누리고 있는 것은 현 국왕인 푸미폰의 두드러진 개인적 역할에 힘입은 바가 크다고 할 수 있다. 1950년대 이후 소위 "사릿 시대"에 푸미폰 국왕은 자신에게 주어진 기회를 살려 당시 정치, 사회적으로 혼란했던 타이 사회에서 다양한 능동적인 역할을 통해 태국 국민들의 기대에 부응함으로써 그들은 물론 정부로부터도 깊은 존경을 받았다. 이러한 과정을 통해 전통왕국 시기에 확립된 타이 사회의 보편적인 문화인 불교와 그 불교의 수호자인 국왕 그리고 불교를 믿고 국왕을 타이 사회의 구심점으로 인식하는 삼각관계의 기본 구조는 시대의 요구에 순응해 비록 군주제의 유형 자체는 급진적인 변화를 겪었음에도 불구하고 최근까지 지속되면서 태국 왕권의 예외성을 가능하게 했다.

II. 말레이시아의 왕권

전통 시대 말레이시아의 왕권은 힌두교의 데바라자 왕권 이념의 영향을 받아 기원설화 및 다울랏, 더르하까 개념을 근간으로 1403년에 성립된 멀라까 왕국 초기에 확립되었다. 그러나 멀라까의 군주들

은 그 신성한 왕권을 바탕으로 피지배자에게 절대권력을 행사한 것
이 아니다. 신성한 왕권을 바탕으로 군주의 경외적인 다울랏을 유
지, 강화하는 한편, 백성을 중요시 여기는 인식을 기초로 한 멀라까
의 군주제는 지배자에게 충성과 복종을 요구하는 대가로 정신적, 물
질적으로 피지배자를 보호하는 도덕적 규범 및 법적, 제도적 장치를
갖고 있었다. 특히 신성한 왕권의 근간을 유지하기 위해 이슬람적인
요소를 선별적으로 받아들였다 할지라도 이슬람은 특히 술탄의 도
덕적 규범 확립에 적지 않은 영향을 미쳤다. 이슬람의 수장으로서
말레이 술탄은 여러 부차적인 장치를 통해 백성에게 탐욕과 억압의
대상이라기보다는 그들의 보호자로 인식되었던 반면, 백성은 그 보
호의 대가로 군주에게 존경과 충성을 바쳤다. 이러한 지배와 피지배
관계를 바탕으로 말레이시아의 술탄제는 19세기 말 영국 식민지배
전까지 말레이인의 존경과 경외 그리고 정체성의 구심점으로서 확
고한 위상을 구축했다.

영국의 식민 지배는 그들의 원활한 간접 통치를 위해 말레이 사회
에 있어 술탄제의 전통적인 효용성을 적극적으로 활용했다. 따라서
이 시기에 비록 술탄은 재정권의 상실로 그들의 위상을 유지하기 위
해 영국의 경제적 후원에 의존해야 했지만 전통 시기에 왕권을 위협
했던 중앙관료가 식민지 체제의 관료로 편입되는 한편, 술탄이 그들
의 급여 또는 연금의 결정권을 행사함으로써 오히려 말레이 사회에
대한 그들의 전통적인 위상과 역할이 강화되는 현상을 보였다. 전쟁
중 말레인의 협력을 얻으려는 노력의 일환으로 일본의 이슬람 정책
은 이슬람의 수장인 술탄에게 집중되었다. 같은 맥락에서 일본은 말
레이인에게 종교의 자유를 허락했다. 따라서 이슬람은 전쟁의 고통

속에서 말레이인에게 안식을 준 유일한 통로였다. 더욱이 이슬람이 영국 식민지 시대에 대대적인 이민족의 유입으로 말레이 민족 정체성과 보다 밀착된 가운데 전쟁 중 인종 간 갈등의 심화는 말레이인의 종교적 민족의식을 한 층 더 제고시켰다. 이러한 상황에서 비록 일제하에서 술탄의 역할은 종교사에 국한되어 이전 시기와 비교해 볼 때 매우 제한적이었다 할지라도 말레이 사회의 존경과 정체성의 구심점으로서 그들의 위상은 간단없이 유지되었다.

전후 말레이 사회의 대 말라야 연합 투쟁은 다또 온을 중심으로 귀족 출신 배경의 영어교육지식인 집단이 주도했다. 그 과정에서 그들은 술탄의 협조 없이 말레이 사회를 대대적으로 동원하는 것이 불가능함을 느꼈다. 술탄의 협조를 바탕으로 그들은 1948년 말라야 연방의 도입을 성사시키며 그 투쟁에서 승리를 거둘 수 있었다. 이 과정에서 술탄은 다민족 사회에서 말레이 민족주의의 보루라는 현대적인 위상과 역할이 부여되었다. 1948년부터 헌법적인 독립 투쟁이 본격화되자 말레이 사회에서 일기 시작한 군주제의 미래에 대한 논쟁에서 술탄은 그 현대적인 위상의 효용성을 바탕으로 1957년 독립과 함께 다양한 초헌법적인 권한과 역할을 지닌 입헌군주로 변신하는 데 성공했다.

독립 이후 1970년대 말까지 인종 간 정치가 말레이시아의 정치적 흐름을 주도하면서 특히 1969년 5월 인종 간 유혈사태로 인해 1971년에 수정된 치안법률을 통해 술탄의 권한과 역할을 공개적으로 논하는 것을 법으로 금지함에 따라 그들의 위상은 더욱 강화되었다. 그러나 신경제정책의 결과 말레이 중산층의 형성으로 인종 간 정치가 인종 내 정치로 전환됨에 따라 말레이 사회 일각에서 술탄제의 효용성에 대한 회의론이 제기되기 시작했다. 1981년에 수상직에 오른 마하띠르가 중산층을 자신의 정치 기반으로 활용하면서 그 회의론은 1983년과 1992년 두 차례에 걸쳐 헌법 위기로 발전했다. 그 결과 입헌군주로서 술탄의 권한과 역할이 사회 전체에서 공론화 되면서 그들은 헌법적인 권한 일부를 상실했을 뿐 만 아니라 그동안 성역시 되었던 위상에 심각한 훼손을 입었다. 그럼에도 불구하고 다민족 사회인 말레이시아의 안녕과 번영은 말레이 사회의 안정과 단합에 달려 있다는 사실을 고려할 때 그 단합의 최후의 보루로서 말레이시아 술탄제는 그 효용성을 지속적으로 유지할 것으로 보인다.

Ⅲ. 태국과 말레이시아 왕권의 공통점과 차이점

그렇다면 태국과 말레이시아의 왕권에 오늘날까지 실질적인 정치, 사회적 영향력을 부여해온 원인과 배경의 측면에서 어떠한 공통점과 차이점이 존재할까? 공통점과 관련해 첫째로 종교의 역할을 들 수 있다. 오랜 역사를 통해 불교는 태국 민족의 정체성에 가장 중요한 요소로 자리 잡고 있다. 따라서 불교는 오늘날 태국 국민의 세계관을 지배하는 핵심가치이다. 전통왕국 시기에 확립된 불교적 왕권을 바탕으로 태국의 국왕은 불교의 수장으로서 태국 국민의 민족 정체성과 존경의 구심점을 형성해 왔다.

이슬람 역시 오랜 역사를 통해 말레이 민족 정체성의 핵심으로 발전했다. 따라서 이슬람은 말레이인의 세계관을 지배하며 그들의 제반 행동양식을 결정하는 핵심가치이다. 전통시기에 신성한 왕권의 근간을 유지하기 위해 이슬람적 요소를 선별적으로 수용했음에도 불구하고 말레이시아 왕권에 이슬람은 적지 않은 영향을 미쳤다. 따라서 이슬람의 수장으로서 술탄은 말레이인의 존경과 경외의 구심점이다. 특히 다민족 사회인 말레이시아에서 동전의 양면과 같은 이슬람과 말레이 민족주의의 관계를 고려할 때 그 수호자인 술탄은 말레이 민족주의의 구심점일 수밖에 없다.

둘째, 근대 민족주의의 흐름에서 양국의 군주들이 절대왕정의 존립에 위협을 느꼈을 때 그들은 그 도전에 능동적으로 대처하며 실질적인 권한을 갖고 있는 입헌군주로 전환되었다. 태국의 국왕들이 자발적으로 군주 중심의 근대화를 추진하여 식민 지배를 우회하는 데 성공함으로써 국민들로부터 군주제에 대한 깊은 신뢰를 얻었다. 이후 진행된 군주제의 미래에 대한 논의에서 태국의 군주는 그 효용성을 바탕으로 태국 지식인들의 군주제에 대한 회의론을 억제하며 입헌군주로 안착할 수 있었다. 말레이시아의 술탄 역시 군주제의 폐지론이 제기된 대 말라야 연합에 투쟁에서 말레이인의 대대적인 동원에 기여하며 군주제의 정치, 사회적 효용성을 발휘했다. 그 결과 이어진 군주제에 대한 논쟁에서 그들은 술탄제의 효용성을 무기로 정치인들과 서로가 이익을 얻는 타협을 통해 실질적인 권한을 행사할 수 있는 입헌군주로 변신할 수 있었다.

셋째, 1950년대 이후 근대 국민국가 건설의 완성을 지향하는 과정에서 발생한 정치, 사회적 혼돈을 극복하고 국민통합을 달성하기 위해 양국의 정치 엘리트들은 상기 왕권의 효용성을 적극적으로 활용했고 그 과정에서 양국의 군주들이 기꺼이 동참함에 따라 왕권의 위상과 역할을 지속적으로 유지, 강화 할 수 있었다. 태국의 "사릿 시대"에 푸미폰 국왕은 정치인들의 요청에 따라 자신의 역할을 충실히 이행해 국가의 안정에 성공적으로 기여함으로써 국민과 정치인들로부터 왕권에 대한 두터운 신망과 존경을 받았다. 말레이시아에서 1960년대와 70년대에 걸쳐 말레이인과 비말레이인간의 알력으로 인한 정치, 사회적 혼란 속에서 국가와 주의 최고 수반인 군주들이 국가와 사회의 안정을 위해 정치인들의 요청에 적극적으로 응함으로써 자신들의 위상과 권한을 강화시켰다.

차이점과 관련해 첫째, 식민 지배를 받지 않은 태국의 왕권은 전적으로 국가 내부적인 동학, 특히 군주의 자발적이고 헌신적인 노력에 의해 격변 없이 그 위상과 역할을 지속적으로 유지한 반면 말레이시아의 왕권은 영국과 일본의 식민 지배하에서 절대군주로서 그 권한과 역할이 대폭 축소된 가운데 원활한 식민 지배를 위해 군주제의 효용성을 필요로 하는 외부 세력에 의해 위상과 권한을 유지했다. 그 결과 태국의 왕권은 국민들의 신망을 바탕으로 지고한 품위를 인정받은 반면 말레이시아의 왕권은 식민지배와 탈 식민지배 시기의 정치, 사회적 격변 속에서 내·외부로부터 여러 차례의 도전을 받으며 그 품위에 적지 않은 손상을 입었다. 이러한 역사적인 차이로 인해 오늘날 양국의 군주는 국민들로부터 분명 다른 정도의 존경을 받고 있다.

둘째, 오늘날 태국의 군주제에게 지속적으로 실질적인 정치, 사회적 영향력을 가능하게 하는 중요한 저변은 불교라는 문화적인 요소 이외에도 국왕의 선정과 국가와 사회의 발전을 위한 적극적인 활동에 기인한 국민들의 신망이다. 반면 말레이시아의 군주제의 영향력은 다민족 국가라는 특수한 환경 속에서 거의 전적으로 말레이 민족

주의, 특히 말레이인의 전통적인 특권과 이익을 보호자로서의 효용
성에 의존하고 있다. 따라서 말레이시아의 군주들은 1983년과 1992
년의 헌법위기에서 보듯 말레이 사회에서 그 효용성에 대한 회의론
이 제기될 경우 1970년의 치안법률이 무색하게 정치인들로부터 그
들의 위상과 역할에 심각한 타격을 받을 수 있다.

　끝으로 상기 분석을 바탕으로 양국의 왕권의 미래를 예측해 볼 때
태국의 왕권의 실질적인 정치, 사회적 영향력은 국민들의 진실한 존
경을 바탕으로 하는 바 정서적, 자발적인 면이 강한 반면 말레이시아
왕권의 권한과 역할은 헌법에 명시되어 있는 바 제도적, 강제적인
면이 강하다. 따라서 후자는 전자에 비해 정치인들과의 마찰로 언제
든지 그 위상과 역할에 훼손을 입을 가능성이 더 높다. 나아가 미래
에 다민족 사회의 국민통합의 완성으로 말레이 민족주의의 보루로
서의 효용성이 소멸될 경우 말레이시아의 왕권은 현재와 같은 정치,
사회적인 영향력을 더 이상 유지할 수 없을 것이 자명한 반면 국민
의 신망을 토양으로 하는 태국 왕권의 영향력은 그리 쉽게 약화되지
않을 것으로 보인다.

　결론적으로 동남아에서 양국의 왕권은 상기한 공통점을 바탕으로
현재까지 정치, 사회적으로 실질적인 권한과 역할을 수행하고 있는
예외성을 공유하고 있는 반면 태국과 말레이시아라는 서로 다른 정
치적, 문화적 공간에서 그 왕권의 예외성의 원인과 배경은 분명한
차이를 보이고 있다.

참고문헌

〈태국〉

김홍구. 1998. "입헌군주제하에서의 태국국왕의 카리스마와 정치적 역할: 푸미폰(Bhumibol Adulyadej) 국왕을 중심으로."『국제 · 지역연구』제7권 제1호. 89-122.

윤진표. 1994. "태국의 정치변동과 민주화의 과제." 김성주 외『동남아의 정치변동』. 서울: 서울프레스.

조흥국. 1992-1993. "태국의 1885년 개혁건의문 분석."『한국태국학회논총』제5호, 127-155.

조흥국. 1996a. "왕실에 대한 타이인의 깊은 신뢰."『꾸리에』3. 42-45.

조흥국. 1996b. "태국." 서울대 지역종합연구소 편『아시아 · 태평양 1996』. 서울: 까치.

Anderson, Benedict. 1991. *Imagined Communities: Reflections on the Origin and Spread of Nationalism*. Revised Edition. London: Verso.

Akin Rabibhadana. 1969. *The Organization of Thai Society in the Early Bangkok Period, 1782-1873*. Ithaca: Department of Asian Studies, Cornell University.

Batson, Benjamin A. 1984. *The End of the Absolute Monarchy in Siam*. Singapore: Oxford University Press.

Battye, N. A. 1974. "The Military, Government and Society in Siam, 1868-1910: Politics and Military Reform During the Reign of King Chulalongkorn." Ph.D. dissertation, Cornell University.

Bouvet, Père. 1963. *Voiage de Siam*. in: J. C. Gatty. *Voiage de Siam du Pere Bouvet*. Leiden: E.J. Brill.

Busakorn Lailert. 1972. "The Ban Phlu Luang Dynasty 1688-1767: A Study of

the Thai Monarchy During the Closing Years of the Ayuthya Period."
Ph.D. dissertation, School of Oriental and African Studies, University
of London.

Cho Hung-Guk. 1988. "Die thailändische Denkschrift des Jahres 1885 und
ihre historische Bedeutung." M.A. thesis, Universität Hamburg.

Chulalongkorn. 1927. *Phra ratcha damrat nai phrabat somdet phra culacom
klao cao yuhua song thalaeng phra borom ratchathibai kaekhai
kan pokkhrong phaendin* [국가 행정개혁에 대한 라마5세 국왕의 설
명]. Bangkok: Sophana Phiphatthanakon.

Chulalongkorn. 1975. "Phra ratcha damrat top khuam hen khong phu ca hai
plian kanpokkhrong [통치를 바꾸려는 자들의 생각에 대한 왕의 답]."
in: Chaianan Samutwanit and Khattiya Kannasut, eds. *Ekasan kan
muang kan pokkhrong thai ph.s. 2417-2477* [1874년-1934년 태국 정
치 및 행정 문헌]. Bangkok: Thai Wattana Panich.

Chulalongkorn. 1975b. "Phra borom ratchathibai wa duai khuam samakkhi
[단결에 대한 왕의 생각]." in: Chaianan Samutwanit and Khattiya
Kannasut, eds. *Ekasan kan muang kan pokkhrong thai ph.s. 2417-
2477* [1874년-1934년 태국 정치 및 행정 문헌]. Bangkok: Thai
Wattana Panich.

Coedè, George. 1963. Angkor: *An Introduction.* Translated and Edited by Emily
Floyd Gardiner. Hong Kong: Oxford University Press.

Damrong Rachanuphap, Krom Phraya. 1952. *Phraratcha phongsawadan
chabap phraratcha hatthalekha*[왕친필본 왕실연대기]. Bangkok:
Odeon Store.

Damrong Rajanubhab. 1926. "The Introduction of Western Culture in Siam."
Journal of the Siam Society 20, 2, 89-100.

Dhani, Prince. 1954. "The Old Siamese Conception of the Monarchy."
Selected Articles From the Siam Society Journal, Volume II. Bangkok:
The Siam Society, 160-175.

Filliozat, J. 1966. "New Researches on the Relations between India and
Cambodia." *Indica* 3, 95-106.

Gervaise, Nicolas. 1688. *Histoire Naturelle et Politique du Royaume de*

Siam. Paris: Claude Barbin.

Girling, John L. S. 1981. *Thailand: Society and Politics.* Ithaca: Cornell University Press.

Griswold, A. B. 1961. King Mongkut of Siam. New York: The Asia Society.

Griswold, A. B. and Prasert Na Nagara. 1973. "The Epigraphy of Mahādh-armarājā I of Sukhodaya." *Journal of the Siam Society* 61, 1, 71-181.

Griswold, A. B. and Prasert Na Nagara. 1975. "On Kingship and Society at Sukhodaya." in: G. W. Skinner and A. T. Kirsch, eds. *Change and Persistence in Thai Society.* Ithaca: Cornell University Press.

Hall, D. G. E. 1966. *A History of South-East Asia.* London: MacMillan.

Heine-Geldern, Robert. 1956. "Conceptions of State and Kingship in Southeast Asia." Data Paper No. 18. Southeast Asia Program, Cornell University.

Hutchinson, E. W. 1968. 1688 Revolution in Siam: *The Memoir of Father de Bèze, s.j.* Hong Kong: Hong Kong University Press.

Ishii, Yoneo. 1986. Sangha, State, and Society: *Thai Buddhism in History.* Honolulu: The University of Hawaii Press.

Kaempfer, Engelbert. 1987. *A Description of the Kingdom of Siam 1690.* Bangkok: White Orchid.

Kemp, Jeremy. 1969. *Aspects of Siamese Kingship in the Seventeenth Century.* Bangkok: The Social Science Review.

Kershaw, Roger. 2001. *Monarchy in South-East Asia: The Faces of Tradition in Transition.* London: Routledge.

Kotmai Tra Sam Duang [三印法典]. I-V, 1962. Bangkok: Khurusapha.

Krom Silapakon. 1976. *Silacaruek sukhothai lak thi 1* [수코타이 시대 비문 1 집]. Bangkok: Mahawithayalai Ramkhamhaeng.

Kulke, Hermann. 1974. " Der Devarāja-Kult: Legitimation und Herrscherapotheose im Angkor-Reich." *Saeculum* 25, 1, 24-55.

Kullada Kesboonchoo. 1987. "Official Nationalism under King Vajiravudh." Proceedings of the Third International Conference on Thai Studies. Canberra: The Australian National University.

La Loubère, Simon de. 1987. *Du Royaume de Siam.* in: Michel Jacq-

Hergoualc' h. *Étude Historique et Critique du Livre de Simon de La Loubère "Du Royaume de Siam"*. Paris: Editions Recherche Sur Les Civilisations.

Mabbett, I. W. 1969. "Devarāja." *Journal of Southeast Asian History* 10, 2, 202-223.

Murashima, Eiji. 1988. "The Origin of Modern Official State Ideology in Thailand." *Journal of Southeast Asian Studies* 19, 1. 80-96.

Osborne, Milton. 1997. *Southeast Asia: An Introductory History*. 『한 권에 담은 동남아시아 역사』 조흥국 책임번역. 서울: 오름.

Pali-English Dictionary. 1979. Edited by T. W. Rhys Davids & William Stede. The Pali Text Society, London: Routledge & Kegan Paul.

Pasuk Phongpaichit and Chris Baker. 1997. *Thailand: Economy and Politics*. Oxford: Oxford University Press.

Phlai Noi. 1992. *Saranukrom prawattisat thai* [태국 역사 사전]. Bangkok: Ruamsan.

Phonnarat, Phra. 1864. *Phraratcha phongsawadan krung si ayutthaya chabap somdet phra phonnarat wat phra chettuphon* [왓 프라 쳇뚜폰의 폰나랏 승려본 아유타야 왕실연대기]. Bangkok: Khlang Withaya.

Pritsadang, Naret Worarit, Phitthayalap Phruetthithada, Sawatdi Watthanawisit. 1975. "Caonai lae kharatchakan krap bangkhom thun khuam hen catkan plian plaeng rabiap ratchakan phaendin [왕자들과 관리들이 정부 형태의 변경에 대한 생각을 폐하에게 올립니다]." in: Chaianan Samutwanit and Khattiya Kannasut, eds. *Ekasan kan muang kan pokkhrong thai ph.s. 2417-2477* [1874년-1934년 태국 정치 및 행정 문헌]. Bangkok: Thai Wattana Panich.

Rosenberg, Klaus. 1978. "Das Thema 'Eintracht' im thailändischen Schrifttum der Epoche König Culalongkons(r. 1868-1910)." *Oriens Extremus* 25, 1, 94-118.

Rattha Thammanun Haeng Ratcha Anacak Thai Phuttha Sakkarat 2540 [1997년 태국 헌법]. 1997. Chabap Prachachon. Bangkok.

Reynolds, Frank E. 1978. "Legitimation and Rebellion: Thailand' s Civic Religion and the Student Uprising of October, 1973." in: Bardwell L.

Smith, ed. *Religion and Legitimation of Power in Thailand, Laos, and Burma*. Chambersburg: Anima Books.

Rosenberg, Klaus. 1980. *Nation und Fortschritt: Der Publizist Thien Wan und die Modernisierung Thailands unter König Culalongkon (r. 1868-1910)*. Hamburg: Gesellschaft für Natur- und Völkerkunde Ostasiens.

Sarkisyanz, Manuel. 1965. *Buddhist Backgrounds of the Burmese Revolution*. The Hague: Martinus Nijhoff.

Strong, John S. 1983. *The Legend of King Aśoka: A Study and Translation of the Aśokavadāna*. *Princeton*: Princeton Univesity Press.

Sunait Chutintaranond. 1990. "Cakravartin: The Ideology of Traditional Warfare in Siam and Burma, 1548-1605." Ph.D. dissertation, Cornell University.

Tavernier, Jean Baptiste. 1984. *Reisen zu den Reichtümern Indiens: Abenteuerliche Jahre beim Großmogul 1641-1667*. Stuttgart: Thienemann.

Terwiel, B. J. 1979. *Monks and Magic: An Analysis of Religious Ceremonies in Central Thailand*. Second Revised Edition. London: Curzon.

Terwiel, B. J. 1983. *A History of Modern Thailand 1767-1942*. St Lucia: University of Queensland Press.

Terwiel, B. J. 1991. "Thai Nationalism and Identity: Popular Themes of the 1930s." in: Craig J. Reynolds, ed. *National Identity and Its Defenders Thailand, 1939-1989*. Clayton: Centre of Southeast Asian Studies, Monash University.

The Economist. 2002. "Land of Frowns." *The Economist* Feb 28th 2002.

Thien Wan. 1975. "Wa duei samai rue wela [시대에 관하여 말한다]." in: Chaianan Samutwanit and Khattiya Kannasut, eds. *Ekasan kan muang kan pokkhrong thai ph.s. 2417-2477* [1874년-1934년 태국 정치 및 행정 문헌]. Bangkok: Thai Wattana Panich.

Titima Suthiwan and Uri Tadmor. 1997. *Thailand: Land of Contrasts*. Honolulu: Center for Southeast Asian Studies, University of Hawaii.

Van Vliet, Jeremias. 1910. "Description of the Kingdom of Siam." Transl. by L. F. van Ravenswaay. *Journal of the Siam Society* 7, 1, 1-105.

Van Vliet, Jeremias. 1938. "Historical Account of Siam." Transl. by W. H. Mundie. *Journal of the Siam Society* 30, 2, 95-154.

Vella, Walter F. 1978. *Chaiyo! King Vajiravudh and the Development of Thai Nationalism.* Honolulu: The University of Hawaii Press.

Wales, H. G. Quaritch. 1931. *Siamese State Ceremonies: Their History and Function.* London: Bernard Quaritch.

Wales, H. G. Quaritch. 1965. *Ancient Siamese Government and Administration.* New York: Paragon.

Wyatt, David K. 1969. *The Politics of Reform in Thailand: Education in the Reign of King Chulalongkorn.* New Haven: Yale University Press.

Wyatt, David K. 1984. *Thailand: A Short History.* New Haven: Yale University Press.

〈말레이시아〉

Abdul Aziz Hitam. 1980. "Shamsuddin Salleh." in Abdul Haji Nawang ed.*Sastera dan Sasterawan.* Kuala Lumpur: Persatuan Sejarah Malaysia.

Abdullah bin Abdul Kadir. 1969. *The Hikayat Abdullah.* An Annotated Translation by A. H. Hill. Singapore: Oxford University Press.

Ahmad Ibrahim. 1979. "The Position of Islam in the Constitution of Malaysia." in Tun Mohamed Suffian, H. P. Lee and F. A. Trindade eds. *The Constitution of Malaysia: Its Development, 1957-1977.* Kuala Lumpur: Oxford University Press: 41-68.

Akashi, Yoji. 1969. "Japanese Military Administration in Malaya - Its Formation and Evolution in Reference to Sultans, the Islamic Religion, and the Moslem-Malays, 1941-1945." *Asian Studies*, 7, 1: 81-110.

________. 1980. "The Japanese Occupation of Malaya: Interruption or Transformation?" in Alfred W. McCoy ed. *Southeast Asia under*

Japanese Occupation. New Haven: Yale University Southeast Asia Monograph Series No. 22: 54-75.

Andaya, L. Y. 1975. *The Kingdom of Johor, 1641-1728*. Kuala Lumpur.

Andaya, Barbara W. and Leonard Y. Andaya. 2001. *A History of Malaysia*. London: Palgrave.

Ariffin Omar. 1993. *Bangsa Melayu: Malay Concepts of Democracy and Community, 1945-1950*. Kuala Lumpur: Oxford University Press.

Aruna Gopinath. 1996. *Pahang, 1880-1933: A Political History*. Malaysian Branch of the Royal Asiatic Society Monograph No. 18.

Azmi Abdul Khalid. 1987. "Role of the Monarch: Influences upon the Development of Parliamentary Government." in *Reflections on the Malaysian Constitution*. Penang: Aliran Keedaran Negara: 44-53.

Bamadhaj, Halinah. 1975. "The Impact of the Japanese Occupation of Malaya on Malay Society and Politics." M. A. Thesis, Department of History, University of Auckland.

Benda, Harry J., James K. Irikura and Koichi Kishi (eds.) 1965. *Japanese Military Administration in Indonesia: Selected Documents*. New Haven: Yale University Southeast Asia Studies, Translation Series No. 6.

Carroll, Diana. 1999. "The Hikayat Abdullah: Discourse of Dissent." *JMBRAS*, LXXII, II: 92-129.

Chamil Wariya. 1992. *Politik dan Raja*[정치와 왕]. Kuala Lumpur: Fajar Bakti.

Chandra Muzaffar. 1979. *Protector?* Penang: Aliran.

Cheah Boon Kheng. 1988. "The Erosion of Ideological Hegemony and Royal Power and the Rise of Postwar Malay Nationalism, 1945-46." *Journal of Southeast Asian Studies*, 19, 1: 1-26.

________. 1991. *Feudalisme Melayu*[말레이 봉건주의]. Minden: Siri Syarahan Perlantikan.

________. 1994. "Feudalism in Pre-Colonial Malaya: The Past as a Colonial Discourse." *Journal of Southeast Asian Studies*, 25, 2: 243-269.

Cowan, C. D. 1961. *Nineteenth Century Malaya: The Origins of British Political Control*. London.

Departmental Note on the British Advisers in the Federation of Malaya, undated, CO 1030/410.

"Detention of Tunku Musa-Addin," n. d., WO 203/5635A.

Emerson, Rupert. 1964. *Malaysia: A Study in Direct and Indirect Rule*. Kuala Lumpur.

Extract from Pan-Malayan Review, No. 22, October 26, 1949, CO 537/4790.

Extract from Pan-Malayan Review, October 1951, CO 1022/182.

Far Eastern Economic Review (*FEER*) (June 30, 1983/December 22, 1983).

Federal Constitution (AS AT 25th JULY 2000). Kuala Lumpur: International Law Book Services.

Foo Mei Lian Sylvia. 1986/87. "The Japanese Occupation of Singapore, 1942-45: Socio-Economic Policies and Effects." B. A. Thesis, Department of History, National University of Singapore.

Gullick, J. M. 1965. *Indigenous Political Systems of Western Malaya*. London: Athlone Press.

________. 1985. "Kedah in the Reign of Sultan Ahmad Tajuddin II." *JMBRAS*, 58: 107-133.

________. 1987. *Malay Society in the Late Nineteenth Century*. Singapore: Oxford University Press.

________. 1992. *Ruler and Residents*. Singapore: Oxford University Press.

Harding, Andrew J. 1989. "The Malaysian Judiciary Crisis of 1988." *Commonwealth Judicial Journal*, 8, 1: 3-9.

________. 1990. "The 1988 Constitutional Crisis in Malaysia." *International and Comparative Law Quarterly*: 57-81.

Hickling, R. H. 1987. "The Historical Background to the Malaysian Constitution." in *Reflections on the Malaysian Constitution*. Penang: Aliran Kesedaran Negara: 21-29.

________. 2001. *Malaysian Law: An Introduction to the Concept of Law in Malaysia*. Selangor: Pelanduk Publications.

Hooker, M. B. 1972. *Adat Laws in Modern Malaya: Land Tenure, Traditional Government and Religion*. Kuala Lumpur: Oxford University Press.

HQ Malaya Command Weekly Intelligence Summary for 1946, CO 537/1581.

"Initial Relations with Malay Sultans on the Liberation of Malaya," September 9, 1945, WO 203/5462.

"Interview with the Sultan of Johore," September 8, 1945, WO 203/5635A.

"Interview with the Regent of Kedah," September 17, 1945, WO 203/5635A.

"Interview with the Sultan of Perak," September 19, 1945, WO 203/5635A.

Ishak bin Tadin. 1960. "Dato Onn, 1946-1951." *Journal of Southeast Asian History*, 1, 1: 56-88.

Ishak Haji Muhammad. 1943. "Sesat di-Hujong Balek Kepangkal." *Semangat Asia*.

Ismail Hamid. 1991. *Masyarakat dan Budaya Melayu*[말레이 사회와 문화]. Kuala Lumpur: Dewan Bahasa dan Pustaka.

Itagaki, Yoichi and Koichi Kishi. n.d. "Japanese Islamic Policy Sumatra & Malaya." *Intisari*, 2, 3: 11-23.

Kempe, John E. and R.O. Winstedt. 1948. "A Malay Legal Digest Compiled for 'Abd al-Ghafur Muhaiyu' d-din Shah Sultan of Pahang, 1592-1616 AD." *JMBRAS*, 21, 1.

Kershaw, Roger. 2001. *Monarchy in South-East Asia: The Faces of Tradition in Transition*. London and New York: Routledge.

________. 1979. *The Changing Face of Monarchy in Southeast Asia: Three Political Portraits*. London: Contemporary Review.

________. 1993. "Shattered Symbiosis: The Road to Conflict between Malay Nationalism and Monarchy.' *Internationales Asienforum* 24, 3-4: 283-310.

Kessler, Clive. 1978. *Islam and Politics in a Malay State: Kelantan, 1839-1969*. Ithaca, New York.

________. 1992. "Archaism and Modernity: Contemporary Malay Political Culure." in Joel S. Kahn and Francis Loh Kok Wah eds. *Fragmented Vision*. Honolulu: University Hawaii Press: 133-157.

Khasnor, Johan. 1999. "The Undang-Undang Melaka: Reflections on Malay Society in Fifteenth-Century Malacca." *JMBRAS*, LXXII, II: 131-150.

Khong Kim Hoong. 1984. *Merdeka!: British Rule and the Struggle for Independence in Malaysia, 1945-1957*. Petaling Jaya: Institute for Social

Analysis.

Khoo Kay Kim. 1983. "Succession to the Perak Sultanate." *JMBRAS*, 56: 7-29.

________. 1985. "Raja Lumu/Sultan Salehuddin: The Founding of the Selangor Dynasty." *JMBRAS*, 58: 1-13.

________. 1986. "The Perak Sultanate: Ancient and Modern." *JMBRAS*, 59, II: 1-26.

________. 1991. *Malay Society*. Kuala Lumpur: Pelanduk Publications.

________. 1992. "Malaysia: Lessons of History in National Development." in Azizah Kassim and Lau Teik Soos eds. *Malaysia and Singapore: Problems and Prospects*. Singapore: Singapore Institute of International Affairs: 1-33.

Kratoska Paul H. 1984. "Penghulus in Perak and Selangor: The Rationalization and Decline of a Traditional Malay Office." *JMBRAS*, 57: 31-59.

Lau, Albert. 1989. "Malayan Union Citizenship: Constitutional Change and Controversy in Malaya, 1942-48." *Journal of Southeast Asian Studies*, 20, 2: 216-243.

________. 1991. *The Malayan Union Controversy, 1942-1948*. Singapore: Oxford University Press.

Lee, H. P. 1984. "The Malasyian Constitutional Crisis: King, Rulers and Royal Assent." *Lawasia*, 3, 1: 22-44.

Lee, H. P. 1995. *Constitutional Conflicts in Contemporary Malaysia*. Kuala Lumpur: Oxford University Press.

Lee Say Lee. 1981. "A Study of the Rice Trade in Kedah before and during the Japanese Occupation." *Malaysia in History*, 24.

Letter from E. Melville to MacGillivray, July 19, 1956, CO 1030/132.

Letter from Gurney to Higham, August 29, 1951, CO 537/7297.

Letter from Gurney to Paskin, December 2, 1949, CO 537/4741.

Letter from MacGillivray to Martin, June 25, 1954, CO 1030/311.

Letter from Onn to the Sultan of Johore, October 2, 1949, CO 537/4790.

Letter from Sultan of Johore to the Sultan of Kedah, September 27, 1949, CO 537/4790.

Liaw Yock Fang. 1976. *Undang-undang Melaka*[멀라까 법]. The Hague:

Martinus Nijhoff.

Lowe, Vincent. 1982. "Symbolic Communication in Malaysian Politics: The Case of the Sultanate." *Southeast Asian Journal of Social Science*, 10, 2: 71-89.

Malay Mail (June 21, 22 1949).

"Malay: Nine Sultans Declare Allegiance to Japan," April 12, 1942, CO 717/147.

Malayan Security Service/Political Intelligence Journal (MSS/PIJ).

Milne, R. S. and D. K. Mauzy. 1986. *Malaysia: Tradition, Modernity and Islam*. Boulder, Colorado: Westview Press.

Milner, A. C. 1982. *Kerajaan: Malay Political Culture on the Eve of the Colonial Rule*. Tucson: University of Arizona Press.

________. 1985a. "Islam and Malay Kingship." in Ahmad Ibrahim et. al. eds. *Readings on Islam in Southeast Asia*. Singapore: Institute of Southeast Asian Studies: 25-35.

________. 1985b. "Malay Kingship in a Burmese Perspective." in Mabbett, Ian ed. *Patterns of Kingship and Authority in Traditional Asia*. London: Croom Helm: 158-183.

Minute by Morris, August 3, 1949, CO 537/4790.

Mohammad Nadzri Ismail. 1987/88. "Keadaan Ekonomi dan Beras Negeri Kedah Sewaku Pentadbiran Jepun dan Thai, 1941-1945." B. A. Thesis, Department of History, University of Malaya.

Monthly Political Report for July 1954, CO 1030/244.

Monthly Political Report for August 1954, CO 1030/244.

Moy, Timothy J. 1975. "The 'Sejarah Melayu' Tradition of Power and Political Structure: An Assessment of Relevant Sections of the 'Tufat Al-Nafis' ." *JMBRAS*, 48, II: 64-78.

________. 1978. "The Sejarah Melayu Tradition of Power and Political Order." M. A. Thesis, Department of History, University of Malaya, Kuala Lumpur.

Muhammad Qutb. 1964. *Islam: The Misunderstood Religion. Ministry of Awqaf and Islamic Affairs*, State of Kuwait.

Muhammad Ikmal Said. 1995. "Malay Nationalism and Malaysia's National Identity." A Paper Presented to the Joint Seminar Department of Anthropology and Sociology, University of Malaya and Korea Institute of Southeast Asian Studies.

Mustafa, Haji Daud. 1995. *Konsep Ibadat Munurut Islam*[이슬람에 따른 종교 의무의 개념]. Kuala Lumpur: Dewan Bahasa dan Pustaka.

New Straits Times (December 1, 11 1992/January 19, 27 1993/ March 10 1993).

New Sunday Times (November 29, 1992).

"Policy: Local Reactions to White Paper Statement of Policy, Johor of 1946," CO 537/1550.

Political Report No. 8 for June 1949, CO 825/74/3.

Raja Haji Ahmad and Raja Ali Haji. 1982. *Tufat Al-Nafis*[진귀한 보물]. Virginia Matheson ed. Kuala Lumpur: Penerbit Fajar Bakti.

Rawlings, H. F. 1986. "The Malaysian Constitutional Crisis of 1983." *International and Comparative Law Quarterly*, 35: 237-254.

Roff, William. 1980. *The Origins of Malay Nationalism*. New Haven: Yale University Press.

Scott, James C. 1976. *The Moral Economy of the Peasant: Rebellion and Subsistence in Southeast Asia*. New Haven: Yale University Press.

Sejarah Melayu or Malay Annals. 1970. An annotated translation by C. C. Brown. With a new introduction by R. Roolvink. London: Oxford University Press.

Shaharuddin bin Maaruf. 1988. *Malay Ideas on Development: From Feudal Lord to Capitalist*. Singapore: Times Books International.

Sharifah Maznah Syed Omar. 1993. *Myths and the Malay Ruling Class*. Singapore: Times Academic Press.

Smith, Simon C. 1995. *British Relations with the Malay Rulers from Decentralization to Malayan Independence, 1930-1957*. Kuala Lumpur: Oxford University Press.

Soh, Byungkuk. 1993. "From Parochial to National Outlook: Malay Society in Transition, 1920-1948." Ph. D. Dissertation, Department of History, Ohio University.

Soh, Byungkuk. 2002. "The Invention of Tradition: The Royal Power of Contemporary Malaysia in a Historical Perspective." *Southeast Asia Review*, 12, 2: 169-206.

Stockwell, A. J. 1979. *British Policy and Malay Politics during the Malayan Union Experiment, 1942-1948*. Kuala Lumpur: Malayan Branch of the Royal Asiatic Society.

Stockwell, A. J. 1988. "Princes and Politicians: The Constitutional Crisis in Malaysia, 1983-4." in D. A. Low ed. *Constitutional Heads and Political Crises: Commonwealth Episodes*, 1945-85: 182-197.

Syed Husin Alatas. 1972. *Modernization and Social Change*. Sydney: Angus and Robertson.

Tan Ding Eing. 1963. *Rice Industry in Malaysia, 1920 to 1940*. Singapore: Department of History, Univeresiry of Singapore.

Telegram from David Watherston to MacGillivray, No. 625, August 7, 1954, CO 1030/65.

Telegram from Gurney to the Secretary of State, No. 715, June 17, 1949, CO 537/4790.

Telegram from MacGillivray to the Secretary of State, No. 523, July 3, 1954, CO 1030/311.

Telegram from MacGillivray to the Secretary of State, No. 741, October 21, 1954, CO 1030/65.

Telegram from MacGillivray to the Secretary of State, No. 565, September 19, 1955, CO 1030/374.

Telegram from the Secretary of State to Templer, No. 390, May 20, 1954, CO 1030/310.

Telegram from Templer to the Secretary of State, No. 2018/53, December 8, 1953, CO 1022/86.

Telegram from Templer to the Secretary of State, No. 255, April 2, 1954, CO 1030/309.

The Star (January 4, 1984).

The Syonan Shimbun (1943-1945).

The Times (March 29, 1984).

"Treatment of 'Sultans' appointed by the Japanese who are known to be pro-Japanese or otherwise of ill-repute," September 9, 1945, WO 203/5624.

Trindade, F. A. 1979. "The Constitutional Position of the Yang di-Pertuan Agong." in Tun Mohamed Suffian, H. P. Lee and F. A. Trindade eds. *The Constitution of Malaysia: Its Development, 1957-1977*. Kuala Lumpur: Oxford University Press: 102-122.

Tun Haji Mohd. Salleh bin Abas. 1985. "Traditional Elements of the Malaysian Constitution." in F. A. Trindade and H. P. Lee eds. *The Constitution of Malaysia: Further Perspectives and Developments*. Petaling Jaya: Penerbit Fajar Bakti: 1-17.

Tun Mohamed Suffian. 1987. "Role of Moanrchy." in *Reflections on the Malaysian Constitution*. Penang: Aliran Kesedaran Negara: 30-43.

________. 1976. *An Introduction to the Constitution of Malaya*. Kuala Lumpur: Government Printer, 2nd edition.

Tunku Abdul Rahman. 1977. *Looking Back: Monday Musings and Memoirs*. Kuala Lumpur: Pustaka Antara.

Wilkinson R. J.1932. "Some Malay Studies." *JMBRAS*, X, I: 67-137.

________. 1912. "The Malacca Sultunate." *Journal of Straits Branch of Royal Asiatic Society*, 61: 67-71.

Winstedt, R. O. 1947. *The Malays: A Cultural History*. Singapore.

Y. A. M. Raja Alan Shah. 1985. "The Role of Constitutional Rulers in Malaysia." in F. A. Trindade and H. P. Lee eds. *The Constitution of Malaysia: Further Perspectives and Developments*. Petaling Jaya: Penerbit Fajar Bakti: 76-91.

Yeo Kim Wah. 1982. *The Politics of Decentralization*. Kuala Lumpur: Oxford University Press.

태국의 역대 왕조와 국왕

수코타이 왕조
1. 시 인타라팃(Sri Indraditya) : 1238-1270년대
2. 반 므엉(Ban Muang) : 1270년대-1278/79
3. 람캄행(Ramkhamhaeng) : 1278/79-1298
4. 러타이(Loethai) : 1298-1346
5. 응우어 남 톰(Ngua Nam Thom) : 1346-1347
6. 리타이(Lithai) = 마하 탐마라차 1세(Mahathammaracha I) : 1347-1368
7. 마하 탐마라차 2세(Mahathammaracha II) : 1368-1398
8. 마하 탐마라차 3세(Mahathammaracha III) : 1398-1419
9. 마하 탐마라차 4세(Mahathammaracha IV) : 1419-1438

아유타야 왕조
1. 라마티보디(Ramathibodi) : 1351-1369
2. 라메수언(Ramesuan) : 1369-1370
3. 보롬마라차 1세(Borommaracha I) : 1370-1388
4. 통 찬(Thong Chan) : 1388-1388
5. 라메수언(Ramesuan) : 1388-1395 (재집권)
6. 라마라차(Ramaracha) : 1395-1409
7. 인타라차(Intharacha) : 1409-1424
8. 보롬마라차 2세(Borommaracha II) : 1424-1448
9. 보롬마뜨라이로까낫(Borommatrailokanat) : 1448-1463 (아유타야에서 통치)
                       : 1463-1488 (핏사눌록에서 통치)
10. 보롬마라차 3세(Borommaracha III) : 1463-1488 (아유타야의 총독)
   = 인타라차 2세(Intharacha II) : 1488-1491 (아유타야의 국왕)
11. 라마티보디 2세(Ramathibodi II) : 1491-1529
12. 보롬마라차 4세(Borommaracha IV) : 1529-1533
13. 랏사다(Ratsada) : 1533-1534 (5개월 재위)
14. 차이라차(Chairacha) : 1534-1547
15. 욧 파(Yot Fa) : 1547-1548
16. 쿤 워라웡사(Khun Worawongsa) : 1548-1548 (찬탈자, 1개월 재위)

17. 짜그라팟(Cakraphat) : 1548-1569

18. 마힌(Mahin) : 1569-1569

19. 마하 탐마라차(Maha Thammaracha) : 1569-1590

20. 나레수언(Naresuan) : 1590-1605

21. 에까톳사롯(Ekathotsarot) : 1605-1610

22. 시 사오와팍(Si Saowaphak) : 1610-1611

23. 송 탐(Song Tham) : 1611-1628

24. 쳇타(Chettha) : 1628-1629

25. 아팃뜨야윙(Athittyawong) : 1629-1629 (1개월 재위)

26. 쁘라삿 통(Prasat Thong) : 1629-1656

27. 차이(Chai) : 1656-1656 (1일 재위)

28. 수탐마라차(Suthammaracha) : 1656-1656 (2개월 재위)

29. 나라이(Narai) : 1656-1688

30. 펫타라차(Phetracha) : 1688-1703

31. 스어(Suea) : 1703-1709

32. 타이 사(Thai Sa) : 1709-1733

33. 보롬마꼿(Borommakot) : 1733-1758

34. 우톰폰(Uthumphon) : 1758-1758 (1개월 재위)

35. 수리야마린(Suriyamarin) : 1758-1767

톤부리 왕조

딱신(Taksin) : 1767-1782

짜끄리 왕조

1. 프라 풋타욧파(Phra Phutthayotfa), 라마1세 : 1782-1809

2. 프라 풋타럿라(Phra Phutthaloetla), 라마2세 : 1809-1824

3. 프라 낭끌라오(Phra Nangklao), 라마3세 : 1824-1851

4. 몽꿋(Mongkut), 라마4세 : 1851-1868

5. 쭐라롱꼰(Chualongkorn), 라마5세 : 1868-1910

6. 와치라웃(Vajiravudh), 라마6세 : 1910-1925

7. 쁘라차티뽁(Prajadhipok), 라마7세 : 1925-1935

8. 아논 마히돈(Ananda Mahidol), 라마8세 : 1935-1946

9. 푸미폰 아둔야뎃(Bhumibol Adulyadej), 라마9세 : 1946-

말레이시아의 역대 술탄 아공

1. 뚜안꾸 압둘 라흐만 입니 알마르훔 뚜안꾸, 느그리 슴빌란(Tuanku Abdul Rahman Almarhum Tuanku Muhammad, Negeri Sembilan): 1957-1960
2. 술탄 히사무딘 알람 샤 알-하즈 입니 알마르훔 술탄 알애딘 술래이만 샤, 슬랑오르 (Sultan Hisamuddin Alam Shah Al-Haj ibni Almarhum Sultan Alaeddin Sulaiman Shah, Selangor): 1960
3. 뚜안꾸 샤예드 뿌뜨라 입니 알마르훔 샤예드 하산 자마룰라일, 뻐르리스 (Tuanku Syed Putra ibni Almarhum Syed Hassan Jamalullail, Perlis): 1960-1965
4. 술탄 이스마일 나시루딘 샤 입니 알마르훔 술탄 자이날 아비딘 III, 뜨랭가누 (Sultan Ismail Nasiruddin Shah ibni Almarhum Sultan Zainal Abidin III, Trengganu): 1965-1970
5. 뚜안꾸 알-무따시무 빌라히 무히부딘 술탄 압둘 할림 알-무아잠 샤 입니 알마르훔 술탄 바드리샤, 끄다(Tuanku Al-Mutassimu Billahi Muhibbudin Sultan Abdul Halim Al-Muadzam Shah ibni Almarhum Sultan Badlishah, Kedah): 1970-1975
6. 술탄 야흐야 쁘뜨라 입니 알마르훔 술탄 이브라힘 쁘뜨라, 끌란딴(Sultan Yahya Petra ibni Almarhum Sultan Ibrahim Petra, Kelantan): 1975-1979
7. 술탄 하지 아흐맛 샤 알-무스따인 빌라 입니 알마르훔 술탄 아부 바까르 리아얏우딘 알-무아잠 샤, 빠항(Sultan Haji Ahmad Shah Al-Mustain Billah ibni Almarhum Sultan Abu Bakar Riayatuddin Al-Muadzam Shah, Pahang): 1979-1984
8. 바긴다 알무따왁낄 알라라 슬탄 이스깐다르 알-하즈 입니 알마르훔 술탄 이스마일, 조호르(Baginda Almutawakkil Alallah Sultan Iskandar Al-Haj ibni Almarhum Sultan Ismail, Johor): 1984-1989
9. 술탄 아즈란 무히부딘 샤 입니 알마르훔 술탄 유수프 이주딘 샤 가파루라후-라후, 뻬락(Sultan Azlan Muhibbudin Shah ibni Almarhum Sultan Yusuff Izzudin Shah Gafarullahu-lahu, Perak): 1989-1994
10. 뚜안꾸 자파르 입니 알마르훔 뚜안꾸 압둘 라흐만, 느그리 슴빌란(Tuanku Jaafar ibni Almarhum Tuanku Abdul Rahman, Negeri Sembilan): 1994-1999

11. 술탄 살라후딘 압둘 아지즈 샤 입니 알마르훔 술탄 히사무딘 알람 샤 알-하
즈, 슬랑오르(Sultan Salahuddin Abdul Aziz Shah ibni Almarhum Sultan
Hisamuddin Alam Shah Al-Haj, Selangor): 1999-2001
12. 뚜안꾸 사예드 시라주딘 입니 알마르훔 뚜안꾸 사예드 뿌뜨라 자마룰라일,
뻐르리스(Tuanku Syed Sirajuddin ibni Almarhum Tuanku Syed Putra
Jamalullail, Perlis): 2001-현재

용어해설

〈태국〉

담마라자(dhammarāja) : 팔리어로 '담마' 와 '라자' 의 합성어이다. '담마' 는 산
　　　스크리트어에서는 '다르마' (dharma)로 표기되며 '법', '가르침',
　　　'교훈' 등을 뜻하고 특히 불교에서는 '부처의 가르침' 혹은 '불법'
　　　(佛法)을 가리킨다. '라자' 는 '왕' 을 뜻한다.

데바라자(devarāja) : 산스크리트어 혹은 팔리어로 '데바' 는 '신' (神)을, '라
　　　자' 는 '왕' 을 뜻한다.

마라(māra) : 산스크리트어 혹은 팔리어로 특히 불교에서는 '마' (魔), '악마'
　　　등을 뜻한다.

마하(mahā) : 산스크리트어 혹은 팔리어로 '큰', '위대한' 등을 뜻한다.

몬(Mon)족 : 몬-크메르 어족에 속한 민족으로, 기원 초 수 백년간 타이 왕국들
　　　이 들어서기 전에 오늘날 태국과 미얀마 남부 일대에 여러 왕국을
　　　건립했으며, 특히 불교를 비롯한 인도의 종교 및 정치 문화를 수용
　　　하고 주변 왕국들에 전파하는 중요한 매개체 역할을 했다.

짜끄라바르띤(cakravartin) : 산스크리트어로 '짜끄라' 는 '바퀴', '원반' 등을,
　　　'바르띤' 은 '굴리는 자', '돌리는 자', '수행하는 자' 등을 뜻한다.
　　　짜끄라바르띤은 한자로는 '전륜왕(轉輪王)' 혹은 '전륜성왕(轉輪
　　　聖王)' 으로 번역된다.

카르마(karma) : 산스크리트어로 '업', '행위' 등을 뜻한다. 카르마는 불교 및
　　　힌두교의 윤회사상에서 핵심적인 개념이다.

팔리(Pali)어 : 인도에서 원시불교 경전언어로 발전한 것으로, 오늘날 스리랑카,
　　　미얀마, 태국, 캄보디아, 라오스 등 소위 소승불교 국가들에서 불교
　　　경전은 모두 이 언어로 쓰여 있다.

프라이(phrai) : 타이어로 19세기 말 이전 전통왕국 시대 타이 사회의 '평민' 계
　　　급에 대한 통칭으로 사용되었다.

〈말레이시아〉

까밀(kamil) : 완벽한 신성

까움 무다(kaum muda) : 젊은 세대(young generation); 1920-30년대 이슬람 개
        혁론 집단

끄라(kerah) : 강제노동

꾸뚭(kutub) : 모든 성인의 수장

노밧(nobat) : 궁중의 악사

다울랏(daulat) : 말라까 왕국에 대한 술탄의 주권 또는 통치권(sovereignty)

다울랏 뚜안꾸!(Daulat Tuanku!) : 술탄 만세!(Long Live, Sultan!)

더르하까(derhaka): 술탄의 주권, 즉 다울랏에 대한 도전, 반역

데바라자(devaraja) : 힌두교의 신성왕권(godking) 개념

데완 느가라(Dewan Negara) : 말레이시아 상원

데완 락얏(Dewan Rakyat) : 말레이시아 하원

뜨망공(Temenggung) : 멀라까 왕국의 관료로서 오늘날 경찰청장에 해당

띰발란 양 디뻐르뚜안 아공(Timbalan Yang di-Pertuan Agong) : 말레이시아 부
        국왕 칭호

띰빠 다울랏(timpa daulat) : 술탄에게 더르하까를 저지를 사람이 맞는 천둥
        벼락

락사마나(Laksamana) : 멀라까 왕국의 관료로서 오늘날 국방부장관에 해당

락얏(rakyat) : 일반 백성

마즈리스 우가마(Majlis Ugama) : 종교위원회

먼뜨리 버사르(Menteri Besar) : 주의회 의장(Chief Minister)

메슈와랏 비짜라(Mesyuwarat Bicara) : 멀라까 왕국의 각료들이 국사를 논의하
　　　　는 회의체제

무파캇(mufakat) : 만장일치

븐다하라(Bendahara) : 멀라까 왕국의 최고 관료로서 오늘날 수상에 해당

빠스(PAS: Parti Islam Se-Malaysia) : 범말레이이슬람당

샤리아(Sharia) : 이슬람의 율법

샤흐반다르(Syahbandar) : 멀라까 왕국의 관료로서 항구의 제반 업무를 관장
　　　　(harbor master)

송꼭(songkok) : 말레이 캡(cap)

쇼난(Syonan) : 일제시대 싱가포르의 명칭

수랏 따우리아(surat tauliah) : 멀라까 왕국의 술탄이 수여하는 임명장

수피즘(Sufism) : 신비주의적 이슬람

아입(aib) : 부끄러움 또는 불명예스러움

양 디뻐르뚜안 아공(Yang di-Pertuan Agong) 또는 술탄 아공(Sultan Agong)

오랑 까야(orang kaya) : 부유한 사람 또는 부자

오랑 라웃(Orang Laut) : 바다사람; 해적

오랑 버사르-버사르(Orang Besar-Besar) : 왕실의 귀족

왈리(wali) : 성인(holy man)

울라마(ulama) : 무슬림 신학자

자만 우비 까유(Zaman Ubi Kayu) : 쌀 대신해 타피오카를 주식으로 하던 시기;
　　　　일제하 말레이 반도의 경제적 어려움에 대한 은유적 표현

지존한 분 : 말레이시아 국왕 칭호

지하드(jihad) : 성전(holy war)

치리(chiri) : 술탄의 즉위식 때 반복해서 낭송하는 주문

뼁훌루(penghulu) : 하위 행정단위인 무낌(mukim)의 우두머리

뺑훌루 븐다하리(Penghulu Bendahari) : 멀라까 왕국의 관료로서 오늘날 부수
　　상에 해당

훌루발랑(hulubalang) : 황실 근위대(royal guard)

훌루발랑(hulubalang) : 황실 근위대(royal guard)

색인

(ㄱ)

가부장적 왕권 14

개혁건의문 50

고등 판무관 153, 169, 171, 173

고메즈 사건 196, 200

고문관 134, 151, 139, 171, 175

공덕사상 29

관주도 민족주의 80

국가와 불교와 국왕 71, 76, 77

국가와 종교와 국왕 94

국가정체성부 94

국민과 불교와 국왕 89

국민국가 166, 216

국민전선 197

국토의 주인 80

군부 91

군부 정권 85

군주제 109, 110, 118, 131, 132, 138, 186, 212, 213, 216, 217

근대적 민족주의 82

금륜金輪 짜끄라바르띤 37

기원설화 111, 112, 132, 163, 212

까마루딘 맏 이사 190

깜라뗑 자갓 따 라자 23

깜라뗑 프다이 까롱 23

꼿마이뜨라삼두엉 30

꾸란 114, 118, 119

끄다 148, 154-156, 161, 169, 171, 172, 174, 191, 193

끄다 말레이 연합 156

끌란딴 148, 155, 160, 171, 181, 191, 192, 193

(ㄴ)

나라빠띠시투 38
나라이Narai 왕 20
나렛 워라릿 50
나롱Narong 96
나콘 시 탐마랏 16
나흐다뚤 울라마 145
난 16
논장 19
느그리 슴빌란 155, 171, 191

(ㄷ)

다또 바흐만 136
다또 압둘 라흐만 빈 모하마드 야신 156
다또 온 빈 자파르 157, 168
다뚝 하룬 이드리스 192, 200
다울랏 111, 113-116, 123, 132, 162, 163, 212
담마 32
담마라자 27
대왕 100
더글라스 고메즈 196, 197
더르하까 111, 113, 114, 116, 122, 123, 132, 137, 158, 163, 212
데바라자 14
데바라자 컬트 21
동륜銅輪 짜끄라바르띤 37
동맹당 172-176, 181, 204

동북부 지방 90
두루 만즘 119,
드망 르바르 다운 115, 116, 126
디브야데바바따르 24
디브야바따르 24
따즈 알 살라띤 119
딱신 39
딴 스리 가잘리 자위 190
또 라자 136, 137
뚜팟 알 나피스 122
뚠꾸 마지드 196, 197
뚠꾸 압둘 라흐만 172-174, 178, 192, 204
뜨라이부미까타 19
뜨렝가누 137, 155, 171, 191
뜽꾸 라자레이 함자 192, 200, 201
뜽꾸 무사 에딘 154
뜽꾸 바드리샤 154

(ㄹ)

라마Rama1세 40
라마2세 46
라마3세 40
라마4세 47
라마5세 45
라마6세 52
라마7세 53
라마9세 62
라오스 39
라이스 야띰 200
라피다 이지즈 200

락 타이 lak thai 88
락 타이 정책 88
람캄행 14
람캄행 비문 15
랏따나 야띠 70
랏차탐 31
러타이 20
런던회의 176
루앙프라방 16
루엉 소라삭 29
리드 위원회 176
리타이 19
링가 22

　(ㅁ)

마 후안 121
마라 39
마우라나 아부 바까르 119
마우라나 아부 이삭 119
마즈리스 156, 158
마하 솜뭇티랏 70
마하띠르(모하메드) 167, 188, 189, 192-194, 195, 197-203, 205-206, 215
마하랏Maharat 100
마하탐마라차Mahathammaracha1세 19
막스웰 129
만장일치 125, 132, 157, 196, 197
말라야 군사행정부 145
말라야 독립당 172
말라야 연합 150, 162,168, 173, 204, 214, 216

말라야 인도인 의회 175
말라야 인민 항일군 149
말라야 중국인 협회 172
말라야연방 161, 162, 168, 171, 176, 214
말레이 민족주의 163, 164, 168, 204, 214, 216-218
말레이 우대정책 142
머갓 스리 라마 122, 123
머르데까 헌법 177, 178, 187
먼뜨리 버사르 169, 170, 171, 175, 181, 185, 186, 188, 190, 191
멀라까 110-113, 115, 117-122, 124-126, 131-133, 140, 163, 182, 212, 213
메라 실루 118
몬Mon족 17
몽꿋Mongkut 47
무력적인 짜끄라바르띤 38
무함마디야 145
문관위계법 42
문쉬 압둘라 128, 129, 132
미국 46, 85
미얀마 38
민중민주주의 캠페인 98

(ㅂ)

바수반두 37
반 므엉 64
반도 말레이 운동 158
반한Banharn 수상 101
발라짜끄라바르띤 38
발라짜끄라와 38
버고 16
버치 135, 136

범 말라야 말레이 의회 158

법왕法王 32

베트남 104

베트남인 40

보도퍼야 39

보로마꼿Boromakot 왕 26

보롬마뜨라이록까낫 39

부낏 시군땅 111

부역제도 73

분낙Bunnag 가문 73

불교군주적 왕권 18

불교적 왕권 27

불교화된 가부장적 왕권 14

브라만 사제 22

브루나이 7

븐다하라 스리 마하라자 121-123

비상사태 178, 181, 189, 195

비슈누 20

비연방말레이 주 150, 151

빠따니 128

빠라메스바라 112

빠스 192, 206

빠항 119, 135-138, 155, 160, 162, 171, 173, 188, 191

빨렘방 111-113, 115

빵꼬르 협약 133

뻐르리스 108, 148, 155

뻬낭 108, 133

뻬락 114, 133-136, 138, 147, 154, 155, 160, 162, 171, 173, 188, 190, 193, 196

뿌사 145

쁘라삿통 28

쁘라차티뻑 53

쁘라팟Praphat 96

쁘릿사당 50

(ㅅ)

사누시 주니드 200
사릿 62
사릿 시대 86
사왓디 왓타나위싯 50
삭다나 43
산스크리트 24
삼보 76
삼장 19
상좌부Theravada 上座部불교 19
샤리르 사마드 200
샤리아 118
선출된 대왕 70
세계의 정복자 27
쇼난 147
수찐다 98
수코타이 14
수피즘 118, 119, 120
술탄 13, 108-110, 113, 114, 118, 119, 121, 123, 124, 127, 131, 133, 135, 137-
    147, 150-164, 166-170, 172-182, 184-206, 213, 214, 215, 216
술탄 마흐무드 샤 121, 122
술탄 마흐무드 이스깐다르 190, 195
술탄 만수르 119, 120
술탄 무함마드 샤 117
술탄 바드리샤 161, 169, 170, 172
술탄 아공 175-184, 186, 188, 189, 190-192, 194, 195, 199, 204
술탄 아공 8
술탄 아부 샤히드 123

술탄 아흐맛 136
술탄 알라우딘 123
술탄 알라우딘 리아얏 샤 120
술탄 압둘 아지즈 147
술탄 압둘라 133
술탄 이드리스 190
술탄 이브라힘 154, 170, 173, 175
술탄제 109, 110, 132, 133, 135, 136, 151, 152, 162-164, 166-169, 176, 177, 185, 187, 203, 205-207, 213-216
술탄회의 169, 172, 173, 175, 178-180, 182, 191, 192, 198, 199
술탄회의 8
스독깍통 비문 22
스리 뜨리 부아나 112, 115, 116, 126
스리랑카 38
스리비자야 112
스어 빠 75
스자라 멀라유 111, 115, 119-121, 127, 130, 131, 140
슬랑오르 141, 154, 155, 171, 191-193
시바 20
시암 42
10월 혁명 96
식량증산운동 147
신경제정책 202, 205, 206, 214
신성한 왕권 112, 113, 116-118, 120-122, 124, 130, 131, 163, 215
신왕神王 개념 14
신적 왕권 25
싱가포르 49, 133, 135, 136, 146, 147, 150, 152, 158, 187

(ㅇ)

아논 마히돈 84

아딥 아담 200

아라비 120

아바따르 24

아쇼카 38

아욥 빈 압둘라 156

아유타야 14

아유타야 왕실연대기 28

안와르 이브라힘 192, 193, 200, 206

알라웅퍼야 38

암노 159, 162, 164, 168, 169, 171-173, 175-177, 184, 187, 192-194, 197,
   200, 202-206

압둘라 아흐맛 바다위 200, 206

앙코르 제국 22

야소다라푸라 28

양 디뻐르뚜안 아공 8, 176, 180, 189, 191, 192, 194, 197-199

에드워드 겐트 160, 171

연방말레이주 150, 151

열 가지 왕의 법도 31

영국 46, 85

예언자 무함마드 117

오스만 사안 190

와따나베 와따루 145

와치라얀 위셋 68

와치라얀 협회 68

와치라웃 51

완 모하메드 190

완전인 119, 120

왕위계승 42

우뚜산 멀라유 156

운당 운당 멀라까 124, 132, 140

위엉짠 16

윈스테드 130

월란 153, 154, 155

유띠탐 70

율장 19

은륜銀輪 짜끄라바르띤 37

응꾸 샤이드 137

이븐 바투타 121

이스깐다르 줄까르나인 111

인도 38, 50

인도네시아 7

인드라 26

인종 간 정치 187, 202, 205, 214

인종 내 정치 202, 205, 214

1885년 개혁건의문 51

1932년 입헌군주혁명 13

1973년 10월 혁명 96

1992년 5월 민주화 시위사태 98

입헌군주제 7, 110, 166, 167, 182, 197, 212

(ㅈ)

자띠 63

자야바르만Jayavarman 2세 22

자이날 빈 아흐맛 159

잠부디빠 38

전륜왕轉輪王 32

절대군주 112, 134, 207, 217

절대군주제 9

조호르 123, 128, 135, 154, 156-158, 160, 169, 170, 173, 175, 188, 190, 191, 195-
    197, 200

조호르 말레이 협회 156

조호르 음모 156

종교위원회 145, 146

쪽자까르따술탄 하멩꾸부워노 7

주재관 133, 135-137, 140, 143

주재관 제도 133, 136, 138, 151

질리 120

짜끄라 32

짜끄라바르띤 27

짜끄리Cakri 왕조 20

짜오 치윗cao chiwit 7, 36

짜오프라야Chao Phraya 강 82

짠시타 38

짬롱 98

쫄라롱꼰 45

(ㅊ)

찬드라 무자파르 203

찻 63

찻 반 므엉 64

찻 타이 71

철륜鐵輪 짜끄라바르띤 38

초경First Ploughing 의례 86

총독 133, 135, 136, 147, 150, 153, 160-162

추앙 분낙 48

(ㅋ)

카르마 36
칼리프 114, 118
캄보디아 21
쿤 위치맛 89

(ㅌ)

타놈Thanom 85
타닌Thanin 93
타위빤야 74
타이 75
타이 민족주의 61
탐마삿 위닛차이 70
탐마삿 대학교 92
태국 국기 76
태국공산당 92
태평양전쟁 85
톤부리Thonburi 왕조 20
티엔 완 51

(ㅍ)

팔랑탐Phalang Dharma당 98
팔리Pali어 19
팟사꼬라윙 68
펫부리 16
펫타라차 28
평화로운 짜끄라바르띤 38
포쿤 15, 18

푸미폰 7
푸미폰 아둔야뎃 Bhumibol Adulyadej 12
프라 탐마삿 30
프라 풋타욧파 82
프라이 46
프라짜오 팬딘 80
프랑스 71
프랜시스 사이어 53
프랭크 스웻남 138
피분 85
피차이수린 29
필리핀 104
핏사눌록 73
핏타야랍 프룻티타다 50

(ㅎ)

하싸날 볼키아 Hassanal Bolkiah 7
해롤드 맥마이클 153
해협식민지 132, 133, 150
헌법 109, 154, 155, 156, 159, 166-168, 172, 174-176, 179, 181, 182, 184, 185,
    187, 190, 193-195, 198, 199, 204, 215
헌법위기 109, 167, 188, 193, 195, 196, 200-203, 205, 218
화신 21
회의체제 125, 132
힌두교 20